Înțelepciunea şamanilor

Refaceți legătura pierdută cu Universul

Tony Samara

Traducere de Maria-Letiția Chiculiță

INFAROM
office@infarom.ro
http://www.infarom.ro

ISBN 978-973-1991-48-1

Editura: **INFAROM**
Autor: **Tony Samara**
Traducere din lb. engleză:
Shaman's Wisdom:
Reclaim Your Lost Connection with the Universe
Traducător: **Maria-Letiția Chiculiță**

Descrierea CIP a Bibliotecii Naționale a României
SAMARA, TONY
   Înțelepciunea șamanilor : refaceți legătura pierdută cu
Universul / Tony Samara ; trad.: Maria-Letiția Chiculiță. -
Craiova : Infarom, 2012
   ISBN 978-973-1991-48-1

I. Chiculiță, Maria-Letiția (trad.)

291.612

Cuprins

Mulţumiri

Nutresc o recunoştinţă profundă pentru Christian Ghasarian pentru timpul pe care mi l-a acordat şi munca sa extrem de importantă în transformarea manuscrisului meu în cartea de astăzi.

Fireşte, nu aş fi reuşit să scriu această carte fără răbdarea şi înţelegerea dovedite de Rahma graţie abilităţilor sale editoriale şi de gestionare a timpului. Un zâmbet special copiilor mei pentru darurile uluitoare pe care m-au ajutat să le descopăr pe parcursul acestei călătorii.

Aş dori, deopotrivă, să le mulţumesc tuturor celor care m-au ajutat să adun laolaltă piesele acestui puzzle încurcat şi să aduc în modernitate aceste cunoştinţe străvechi, pentru ca voi toţi să vă puteţi bucura de ele.

Prefaţă

Dat fiind că trăim în vremuri atât de schimbătoare şi de stranii, cheia către sine se poate pierde în numeroasele mesaje contrarii pe care le primim, în numeroasele pasiuni şi trăiri cu care ne confruntăm zilnic, ducând deseori la stresul, boala şi nefericirea de rigoare.

Mi-am dat seama că acest conflict, pe care l-am experimentat eu însumi, era, de fapt, cultura occidentală care nu respectă procesul interior pe care eu îl numesc vindecare. Cartea de faţă vorbeşte despre acest proces.

Sper ca această carte să vă deblocheze inimile şi să vă deschidă calea către o lume pe care o apreciau culturile străvechi şi şamanice. De asemenea, nutresc speranţa ca această carte să vă insufle curaj, oferindu-vă instrumente eficiente şi o înţelepciune plină de seninătate.

Vă mulţumesc pentru refacerea legăturii pierdute cu Universul.

Introducere

În copilărie, sufeream de o afecţiune a sângelui asemănătoare anemiei. Eram slab, ca şi sistemul meu imunitar, de altfel. Poate că acest fapt mi-a permis să văd înăuntrul lucrurilor, într-o manieră neobişnuită pentru un copil de vârsta mea, care trăia în lumea occidentală. În culturile indigene, astfel de boli sunt privite ca fiind punctul de plecare al unui proces profund, care poate duce la iniţiere.

Într-o zi, mi s-a arătat în vis că nu lumea exterioară este cea care ne sprijină, ci o forţă adâncă care provine din interior. În acest vis, mi-a apărut un scaun din aur, la poalele unei coline frumoase. Cineva, cu care lucram, m-a întrebat dacă scaunul este al meu. Eu i-am răspuns că nu (este), iar el mi-a spus: "De ce nu te aşezi pe scaun?", ceea ce am şi făcut, după care, am izbucnit în plâns. În acel moment, toată fiinţa mea a înţeles că viaţa ne hrăneşte mereu şi că lumea este a noastră. Prin acest vis, viziunea mea asupra lumii s-a schimbat în mod irevocabil şi pentru totdeauna, pregătindu-mă pentru evenimente viitoare, de care nu eram conştient la acea vreme.

Adolescent fiind, în mine se dădea un conflict, în timp ce mă străduiam să fiu "normal" şi să mă adaptez la ceea ce mi se părea adecvat în lumea occidentală în care trăiam. Da, simţeam că o parte din mine nu putea sau nu voia să fie forţată să apuce o cale care nu îmi aparţinea. Medicii şi psihologii nu mă ajutau cu nimic. Am început să fiu interesat de filozofie şi religie şi am descoperit budismul în care am găsit o cale de a-mă hrăni inima.

La 15 ani, am învăţat cum să fac meditaţii, iar, mai târziu, am intrat într-o mănăstire de budişti zen aflată în vârful unui munte frumos din California, în apropiere de San Bernardino, unde aerul este pur, iar alimentele sănătoase. Am devenit vegetarian şi nu m-am mai îmbolnăvit. Aceste experienţe m-au ajutat să îmi dau seama că acele conflicte pe care le aveam în trecut porneau pur şi simplu din ignoranţa culturii occidentale vizavi de procesul interior de vindecare şi evoluţie spirituală.

Cu toate acestea, după doi ani, budismul mi s-a părut prea simplu. Deşi regimul (de viaţă) era extrem de sever (cu meditaţii care începeau la ora 3:00 dimineaţa, programul zilei încheindu-se adesea către miezul nopţii), iar, în primele şase luni, trebuia să stau în poziţia completă de Lotus, ceea ce era o adevărată agonie pentru mine, mă simţeam bine în acea mănăstire, însă vocea interioară îmi spunea să practic în lumea exterioară armonia pe care o regăsisem în mine, în sinea mea.

Astfel, am părăsit mănăstirea pentru New York şi, apoi, Londra. Şocul a fost unul enorm. Budismul nu îmi oferise imaginea de ansamblu asupra lucrurilor. Lumea exterioară era – şi încă este, la ora actuală – foarte bolnavă.

Este uşor să vezi frumuseţea lucrurilor atunci când trăieşti într-un mediu plăcut, dar lucrurile stau cu totul altfel atunci când te afli în inima haosului şi vieţii dure din oraşe precum New York-ul. Pacea mea interioară se conectase şi fusese susţinută de viaţa armonioasă de zi cu zi din mănăstire. Mă simţeam neîmplinit în aceste "jungle concrete" şi, cum am nutrit întotdeauna o dragoste profundă faţă de mare şi creaturile sale, am plecat în Australia, să studiez biologia marină.

După un an petrecut la Universitate, am vurt să pun teoria în practică. Am simţit impulsul de a "salva" pădurea tropicală amazoniană şi de a ajuta într-un fel sau altul sau de a împiedica distrugerea sa. Am scris unei organizaţii conservatoare din Brazilia şi, şase luni mai târziu, am primit o scrisoare din nordul Amazonului, dintr-o regiune aflată în apropiere de Peru şi Bolivia, prin care eram invitat să lucrez cu o mică organizaţie, într-o regiune a pădurii supusă unui proces rapid de distrugere. Am plecat din Australia cu intenţia de a lucra în scopul protejării pădurii tropicale din Amazon.

La puţin timp după aceea, am ajuns într-un sat locuit de celebrii şamani Ayahuascero (sunt acei şamani care lucrează cu planata vindecătoare Ayahuasca), care m-au făcut să trec prin experienţe profunde de transformare. Încet, încet, mi-am dat seama că acei şamani mă chemaseră acolo şi că diversele experienţe trăite alături de ei aveau menirea de a transmite lumii cunoştinţele lor, cu precădere lumii occidentale.

De la pădurea tropicală la Anzi

Prima experienţă intensă trăită în legătură cu Amazonul, în această dimensiune şi într-o altă dimensiune, cu totul extraordinară, a conştientului, s-a petrecut la câteva zile după sosirea mea. Eram într-o canoe, care cobora pe cursul râului. Erau mulţi oameni care mă priveau fix şi multe gânduri îmi treceau prin minte, în acele momente. Timpul părea că s-a oprit în loc. Plouase tare. Pretutindeni, auzeai sunetele naturii. Eu eram încărcat de temeri şi îndoieli.

Credeam că sunt pregătit pentru pădurea tropicală. Petrecusem şase luni la sală, pentru a mă pregăti fizic, în acest scop. Mă cufundasem în studiul limbii spaniole, având la dispoziţie mai multe manuale şi casete audio. Cumpărasem o machetă, un hamac şi o busolă, dar ţânţarii mă "atacau" continuu.

Barca noastră fusese un copac cu puţin timp înainte şi, pentru a evita scufundarea, trebuia să scoatem continuu apa din ea. De fiecare dată când loveam câte o piatră sau un buştean, simţeam că o să ne răsturnăm. Începusem să mă întreb dacă era un lucru înţelept, ceea ce făceam, la numai 20 ani, cât aveam pe atunci.

Mintea mea "occidentalizată" era plină de gânduri îngrijorătoare: "Ce mă fac dacă trebuie să merg la spital? Cum ajung acolo? De ce sunt oamenii aceştia atât de mulţumiţi de viaţa lor? Să fie acesta, oare, paradisul pe care mi l-am închipuit?"

În timp ce căutam mii de scuze ca să plec din Amazon şi să mă întorc în "civilizaţie", cineva din partea din faţă a bărcii a dat la o parte o creangă şi a fost înţepat de un roi de albine ucigaşe. Prima mea reacţie a fost să gândesc "bine că nu am fost eu", sentiment însoţit de milă şi îngrijorare pentru cel care suferea. Ceilalţi din barcă râdeau şi se comportau într-un mod pe care nu în înţelegeam. Mă aflam în contact cu o cultură foarte diferită de tot ceea ce cunoscusem până atunci.

Mi-am întrebat tovarăşii de călătorie: "De ce râdeţi de suferinţa altuia?" (Dacă nu erau toţi şamani, trăiau într-o cultură şamanică.) Mi-au răspuns la întrebare cu o altă întrebare: "Poate fi compasiunea adevărată înţeleasă prin stări de frică, negativism şi îndoială?"

Mi s-a explicat următorul lucru: corpul energetic al omului înţepat mortal de albine se află deja în teamă şi durere şi că propriile mele temeri şi îndoieli nu fac altceva decât să sporească negativismul corpului său energetic; că adevărata compasiune constă în a-l ajuta să se elibereze de durere.

"Râzând, am ajutat la extragerea fricii din corpul acestui om, care se află deja în stare de şoc şi pericol de moarte. Dacă toţi pasagerii din barcă ar fi reacţionat aşa cum ai făcut-o tu, gândurile lor egocentrice ar fi alimentat acest negativism, iar omul ar fi murit cu siguranţă", a rostit unul dintre însoţitorii mei.

Mi-am dat seama că toţi cei din barcă, cu excepţia mea, fuseseră prezenţi în acea situaţie din perspectiva vindecării, şi nu din cea a ego-ului. Râsul lor era o expresie a energiei lor tămăduitoare. Programarea mea culturală fusese diferită şi, din acel moment, am început să pun la îndoială serios crezurile mele legate de această cultură pe care Occidentul ar descri-o drept "primitivă".

Uşor, uşor, am înţeles că venisem în Amazon nu pentru "a salva pădurea tropicală" – ideea care mă motivase la început – ci pentru a salva o parte din mine, de care aproape uitasem: Fiinţa mea cea mai profundă. Ego-ul este foarte abil în a crea diversiuni din cele mai tentante, pentru a ne "deturna" de la adevărata noastră misiune pe Pământ. În lumea "civilizată", acesta poate fi animat de numeroase ţeluri merituoase precum "salvarea pădurii tropicale".

Deşi iubeam natura, pe care o studiasem în amănunt, din copilărie şi până la studiile din facultate, adevărul este că nu mă simţeam în largul meu în pădure. Să salvezi pădurea tropicală presupunea să o şi înţeleg şi, într-un final, să mă înţeleg şi pe mine însumi.

Relaţia noastră cu legile naturii constituie cel mai important aspect al culturilor şamanice. Din acest motiv, şamanii Ayahuascero privesc Pachamama (Pământul Mamă) ca pe un ghid spiritual viu, care le asigură echilibru în toate planurile vieţii. În societăţile occidentale, pe de altă parte, pământul este rareori privit în acest mod, întrucât omul este condiţionat de teamă, care, în sine, este o iluzie. Mereu căutăm în afara noastră mijloace de a găsi armonia în mintea noastră, în corpul nostru și emoțiile noastre, realizând prea puțin că armonia constituie forța supremă a fiecărei creaturi vii. Acest simț al legăturii universale reprezintă starea primordială a umanității.

...

Am petrecut mai mulți ani practicând meditațiile profunde, dar nu am cunoscut niciodată acea legătură magică cu natura, menținută de unii membri ai unor societăți etichetate drept "primitive". Pentru șamanii Ayahuascero, în mod deosebit, pădurea tropicală face parte intrinsecă din ființa lor. Această percepție a realității conferă o inocență de copil majorității comunităților de șamani alături de care am trăit.

De mult timp, antropologii dezbat conceptul de "primitivism". Ce se poate spune despre o "civilizație" care nu cunoaște legile naturale? Fiind mulțumiți cu viața și libertatea lor, dar neavând nevoie să se rănească unii pe alții sau să concureze unii împotriva celorlalți și a lumii care îi înconjoară, în căutarea fericirii, comunitățile indigene ne dau un exemplu care lipsește cu desăvârșire în centre ale "civilizației" occidentale precum New York și Londra.

...

Zilele au trecut. Șamanii m-au invitat să iau Ayahuasca amestecată cu diverse plante, precum și alte alimente pe care le consumă ei frecvent (ex. banane, manioc, etc). Corpul meu se transforma. Am crezut că îl purific dacă mănânc sănătos și dacă mi-l detoxific postind, dar, într-o zi, spre surprinderea mea, mi s-a spus că aș avea un corp "poluat", care purta cu sine greutatea trecutului său și că șamanii Ayahuascero simțeau asta. Au început să îmi prepare tot felul de decocturi grețoase din plante, care m-au făcut să vărs șapte zile. Organismul meu era acum slăbit.

Mi-am dat seama că nu era vorba doar de vărsături la nivel fizic: pe un alt nivel, îmi extrăgeam negativismul din minte. Vomând, am eliminat bolile din trecut. Sub îndrumarea şamanilor, am putut privi suferinţa cu alţi ochi şi am înţeles că aceasta era provocată de dezechilibru, un dezechilibru care nu ar trebui ascuns, deoarece este chiar cheia vindecării. Vindecarea este o transformare a minţii şi a spiritului, care ne ajută să ne echilibrăm propriile gânduri zilnice şi emoţiile noastre profunde. Corpul este privit ca un templu în care sălăşluieşte spiritul.

Am ajuns la un stadiu în care m-am eliberat de programarea mentală şi afectivă. Dacă, la început, aveam numeroase îndoieli privind acţiunile locuitorilor indigeni din pădure, treptat, am început să semăn cu ei, trăind, astfel, în ritmul pădurii.

Şamanii mi-au explicat că toate informaţiile de care avem nevoie sunt codificate în profunzimile Fiinţei noastre. Cărţile sunt inutile. Este de ajuns să te deschizi către aceste cunoştinţe lăuntrice.

Procesul prin care îmi slăbea organismul a fost unul de purificare a organismului şi de conectare la Spiritul Pădurii. Trebuia să mă despart de sentimentul de separare de esenţa vieţii. Iată secretul existenţei: când eşti pregătit, lucrurile se întâmplă! Şamanii Ayahuascero mi-au spus că m-am născut pentru a fi şaman şi că ei, cu consimţământul meu, mă vor iniţia în acest sens.

Propria mea vindecare a început cu purificarea organismului şi a culminat cu iniţierea mea. Iniţierea reprezintă o dimensiune fundamentală a şamanismului. Aceasta nu depinde de timpul petrecut pentru a învăţa, ci de eliberarea tuturor punctelor de referinţă care ne separă de însăşi esenţa noastră. Aceasta nu îţi aduce o diplomă, ca la Universitate, ci te conduce către un proces. Pentru mine, acest proces a început în copilărie, odată cu boala mea. Ulterior, am descoperit că cei care sunt aleşi pentru a fi şamani în societăţile şamanice sunt, de regulă, bolnavi, într-o oarecare măsură, sau au un handicap, ca "vindecătorul rănit" al atâtor mituri şi legende.

În copilăria mea, nu fusese luată în calcul varianta vindecării în legătură cu realitatea spirituală, deoarece această abordare holistică a sănătăţii fizice şi mentale dispăruse din societăţile "civilizate". În schimb, se căuta un remediu de tip "bandaj", prin medici, psihologi , etc.

Şamanul poate începe să lucreze ca vindecător numai după ce trece prin ceea ce se numeşte experienţa morţii/renaşterii, moartea suferinţei şi renaşterea într-un nou mod de a vedea lucrurile, acolo unde punctul de referinţă nu mai este ego-ul, ci Cosmosul; totul este conectat la tot.

La vremea iniţierii mele, mi s-a "administrat" Ayahuasca; o furtună năprasnică a pus stăpânire pe pădure, dar şi pe mine. Trăiam cea mai mare temere a vieţii mele. Întreg corpul mi se dezintegra. Simţeam că o să mor. Am chemat în ajutor zei din varii religii, dar în van. Deodată, a apărut un şarpe mare şi a început să mă înghită. Am înţeles că aceasta reprezintă pulsarea energiei Universului. Am pierdut simţul lumii ce mă înconjura, iar teama de a muri a dispărut. Trupu-mi devenise o parte din Univers. Mă încerca un sentiment de unitate, de tot.

Această iniţiere mi-a schimbat toate percepţiile legate de realitate. Eliberat din strânsoarea programării din trecut, spiritul meu a atins magia şi bucuria de a trăi.

Atunci când există echilibru între personalitate şi suflet-spirit sau sinele superior, pacea şi forţa interioară ne permit să experimentăm esenţa lucrurilor din jurul nostru. Totodată, experienţa aceasta m-a adus mai aproape de tovarăşii mei din Amazon şi, din acel moment, am învăţat o mulţime despre credinţele lor legate de lumea aceasta.

Şi totuşi, pe măsură ce se scurgeau lunile, puţin câte puţin, mă detaşam de această cunoaştere tipic amazoniană, bazată pe concepte dualiste (binele şi răul, etc). Clima era foarte dificilă (fiind extrem de umedă), aşa că m-am hotărât să plec spre La Paz, în Bolivia. Asta însemna că plecam din Amazonia şi că aveam să călătoresc către Anzi, în apropiere de lacul Titicaca.

Odată ajuns acolo, am început să lucrez în tradiţiile şamanice Quechua şi Huachuma, cu oameni de diverse origini (indiană, africană, spaniolă şi metisă). Cea mai folosită plantă vindecătoare din Anzi nu este Ayahuasca, ci San Pedro, un tip de cactus mai blând. Mulţumită experienţelor acumulate în Amazon, am învăţat multe despre remediile obţinute cu ajutorul plantelor, iar acum aveam şansa de a-mi dezvolta cunoştinţele.

Lecțiile date de șamanismul Huachuma, pe care le regăsiți pe parcursul cărții, până la final, se bazează pe vechi filozofii ce pornesc tocmai din Egipt. Arheologii au descoperit, de asemenea, obiecte care atestă că metodele tradiționale de vindecare, tipice zonei Anzilor, datează de peste 5000 ani.

Îmi aduc aminte că am crescut în Egipt - un tărâm cufundat în istorie și culturi uitate. Eram scufundat în societatea egipteană tradițională și mergeam la școala locală înțesată de copii și cadre didactice care crescuseră absorbind acest melanj unic de tradiții străvechi și stiluri moderne de viață.

Îmi amintesc de clipele când vizitam piramidele, în expedițiile cu școala. Ne aflam acolo, firește, pentru a învăța și a înțelege totul despre stilul de pe timpul civilizației egiptene străvechi, dar amintirile mele se leagă de artefacte străvechi.

Vedeai acolo statui bogat împodobite, mumii înfășurate în pânză de in, în sarcofage spectaculoase, scrieri hieroglifice, bijuterii nemaipomenite și ornamente care înfățișau imagini ale unor zei, păsări, plante, animale și scene din viața cotidiană. Cum noi învățam la școala locală, am putut arunca o privire asupra comorilor care, în mod normal, erau accesibile doar arheologilor.

Aceste amintiri adânc întipărite în minte m-au năpădit pe când mă aflam la Trujillo, în Peru de Nord, sesizând niște asemănări remarcabile între ceea ce vedeam acolo și ce îmi aminteam din Egipt.

Surprinzător de asemănătoare era și mitologia, structurile piramidale, hieroglifele și reprezentările animale (pisicile, de pildă). Sentimentul înnăscut al locului era insesizabil de amintirile mele din copilărie.

Toate acestea vorbeau despre o legătură mai adâncă între cele două țări, legătură pe o resimțeam nu numai în imagini, ci și în spiritualitate. Până și în metodele de vindecare folosite în Peru astăzi simțeam că originile se trăgeau din Egipt. Începând să "scrijelesc" ce e la suprafață, am descoperit că sub mantaua actuală a catolicismului se aflau vechi ritualuri păgâne, deghizate în simbolismul catolic.

Șamanismul Huachuma reprezintă o formă tradițională de vindecare pre-incașă, folosită și în zilele noastre în Anzi, în sate și regiuni izolate din Peru, Bolivia și Ecuador, în combinație cu diverse influențe religioase (mai ales catolice). Viața cotidiană a localnicilor este încărcată de temple mistice, situri sacre și evenimente neobișnuite (locuri de putere, vedenii, fantome, OZN-uri privite drept spirite, etc). Metodele de vindecare și evoluție spirituală asociate cu șamanismul Huachuma se referă mai degrabă la experiențe concrete decât la o anumită religie, filozofie sau terapie alternativă. Acestea constituie un mod de viață, un mod de vindecare ce explorează cele patru dimensiuni ale noastre: corp, minte, emoții și spirit.

...

Cred că trăim într-o epocă a distrugerii a tot ceea ce este sacru. Inima Pământului Mamă este grea. Apa, munții, aerul, pădurile și sufletul Pachamama sunt poluate de ignoranță, lăcomie și aroganță. Cu toate acestea, înțelepciunea sacră din inima Pământului Mamă s-au păstrat pe alocuri. Este și cazul șamanismului Huachuma, care face de ceva timp parte din realitatea locuitorilor din Anzi.

După ce am ajuns să înțeleg și eu șamanismul Huachuma, mi-am luat angajamentul de a călători prin lume, pentru a face cunoscută esența acestei forme de șamanism, într-un mod simplu, pentru ca și occidentalii să poată îngloba acest practici importante în viața lor de zi cu zi, practici pe care le voi evidenția în capitolele ce urmează.

Cântece

Lumea occidentală este plină de imagini, sunete, zgomote, culori şi informaţii. Suntem constant bombardaţi cu tot felul de lucruri care ne distrag. În comunităţile tradiţionale, sunetul este, în general, privit ca o expresie foarte puternică a esenţei lucrurilor. Pentru mine, cântecul şamanului (icaro) este energia unui obiect, exprimată în sunete cu puteri reale, care devine prezentă în intenţia din spatele sunetului asociat cântecului respectiv.

Din punctul de vedere al şamanilor, atunci când începem să ascultăm ciclurile propriului corp şi ale naturii, înţelegem că icaro-urile vin direct de la Pământul Mamă, că tăcerea nu există şi că sunetul constituie o parte esenţială a energiei prezente în toate formele de viaţă. Mişcarea energiei creează o vibraţie pe care, uneori, o putem auzi, dar pe care e posibil şi să nu o auzim, deoarece scala de sunete depăşeşte puterea noastră de ascultare.

În mod similar, incantaţiile (aceste icaro-uri) sunt, în acelaşi timp, sunete pe care oamenii le pot auzi sau nu, motiv pentru care cântecul unui şaman poate părea ciudat pentru occidentali (cel puţin la început). Dar, ţinând cont de toate acestea, oare nu sunetele pe care le auzim în lumea "civilizată" sunt cele cu adevărat ciudate? Motoarele maşinilor, aspiratoarele, maşinile de spălat rufe, scârţâitul pneurilor, tonurile de apel ale telefoanelor şi faxurilor, bâzâitul electricităţii, "păcănitul" luminilor, etc. Toate aceste sunete nocive şi poluante care ne înconjoară constant (fără ca noi să fim întotdeauna conştienţi de ele) nu sunt doar enervante, ci şi reduc energia corpului până la un nivel foarte scăzut. Obişnuindu-ne cu viaţa la acest nivel de-a dreptul elementar, uităm de frumuseţea sunetelor pure şi simple ale naturii: trilul unei păsări, foşnetul vântului, apa care picură şi tăcerea nopţii.

Prin sunetul său, un *icaro* poate exprima un aspect al Naturii, datorită aceleiaşi calităţi profunde. Dacă ar fi să se confrunte cu un asemenea concept neobişnuit, de pildă, cum că un copac ar putea produce un cântec, un occidental ar putea spune: "Copacul nu scoate sunete." Dar, dacă vom deschide urechile dincolo de acest nivel de bază al existenței noastre, vom auzi că nu numai copacul, ci și fiecare creatură, fiecare lucru viu intonează un cântec cu Spiritul său. Șamanul ascultă aceste cântece și, în circumstanțele potrivite, poate cânta, poate transpune în cântec Spiritul tuturor creaturilor vii, ceea ce îl ajută să mute punctele de dezechilibru din organism de la nivelul de bază către armonia care subzistă în Pământul Mamă.

Icaro este o punte de vibrații ale energiei pentru toate ființele care trăiesc pe Pământul Mamă. Unele plante au, de exemplu, puterea de a încetini sângerarea unei răni. Intonând un *icaro* al acestor plante, șamanul le folosește puterea pentru a reduce sângerarea și a vindeca rana. În Insula Paștelui și în Tahiti, unde am petrecut ceva timp, angrenat în activități spirituale cu polinezii, am observat că icaro-urile utilizate de cei în vârstă s-au transformat în mișcări, preponderent ale mâinilor. Așezând mâinile în anumite poziții, se putea reproduce simbolismul sunetului și se putea genera o schimbare la nivelul centrilor energetici ai oamenilor. În Polinezia, mișcarea mâinilor se leagă de simboluri asemănătoare celor din Egipt și unele regiuni ale Americii de Sud. Simbolul în sine are înțeles deplin numai dacă îl activează șamanul, după cum un *icaro* nu are putere dacă nu este intonat cu o intenție pură (vezi capitolul "Puterea voinței și intenția").

Ritualul ce însoțește un *icaro* se derulează adesea în locuri sfinte, unde aerul este pur, cum este aerul rarefiat de munte, în apropierea unei cascade sau a unui râu deosebit, ori în zăpadă. Aceste locuri au puterea aerului și a vântului, două elemente esențiale în procesul de detașare și transformare. Eu îmi desfășor de multe ori munca de vindecare în locuri sacre precum acestea.

Dacă vine la mine cineva și se plânge de o durere acută de stomac, îmi încep munca terapeutică intonând Cântecul Șarpelui, în timp ce respir adânc la nivel abdominal cu ochii închiși, comunicând cu Spiritul Șarpelui. Acest cântec este folosit, prin tradiție, pentru a elibera forța vieții care se găsește în centrii energetici. (În unele culturi, această forță a vieții se numește "kundalini".) Privind lucrurile într-un cadru terapeutic occidental, incantarea Cântecului șarpelui în scopul vindecării i-ar putea surprinde pe unii și convinge pe alții de ideea

(care, mult timp, a fost susţinută de anumiţi antropologi) că modul de a acţiona, conduita unui şaman este un fel de nebunie. În societăţile occidentale, şarpele este perceput, în general, ca un element negativ, dar, în realitate, ceea ce este negativ este spiritul care creează această imagine, această iluzie. Şarpele face şi el parte din natură, ca şi noi.
În timp ce intonez Cântecul Şarpelui, treptat, Spiritul Şarpelui mi se arată sub forma unei imagini, iar eu îmi simt corpul cum se transformă, şarpele pătrunzând, într-o oarecare măsură, în fiecare celulă a Fiinţei mele. La un moment dat, ajung chiar să fiu Şarpele însuşi şi incantez ca şi cum Şarpele ar rosti el incantaţia în mine. Sunetul pe care îl produc atunci e mai mult de două cuvinte, este expresia sau semnul Şarpelui.

Intenţia mea nu este aceea de a replica sunetul emis de şarpe, ci de a-i permite persoanei pe care vreau să o vindec să treacă din starea de suferinţă în punctul în care poate vedea suferinţa ca fiind auto-creată, ca pe o realitate energetică care nu se regăseşte nici în spirit, nici în emoţii. Vibraţia emisă de Cântecul Şarpelui permite producerea unei transformări în mine, care ajută forţa vieţii să se ridice şi să urce până în vârful capului. Acelaşi principiu i se aplică persoanei cu care lucrez. Prin puterea acestui sunet, este simplu să împingi forţa vieţii dincolo de punctul de dezechilibru unde s-a manifestat suferinţa în corpul acelei persoane.

Văzând, de pildă, că forţa vieţii acelei persoane este blocată în stomac, neputând să se manifeste şi afectându-i corpul fizic prin stres şi anxietate, intenţia mea este de a muta blocajul (care reprezintă, de fapt, dezechilibrul, la nivel elementar) către un loc în care să nu mai fie nociv. Încerc să separ suferinţa de experienţa persoanei în cauză, şi să înţeleg energia care creează această dinamică. Simptomele fizice ca atare nu mă preocupă la fel de mult ca fundamentele care stau la baza situaţiei respective. De exemplu, eu nu mă concentrez pe mânie în sine, ci pe energia care o alimentează. Intervenţia şamanului nu schimbă situaţia dacă pacientul rămâne la "nivelul de bază, elementar al existenţei". Soluţia nu constă în a-i oferi un remediu, care doar înlătură durerea, ci în a-l ajuta să schimbe cauzele bolii.

Atunci când șamanii intonează un *icaro*, ei cântă din adâncul inimii sau Eului superior. Intenția cântecului nu pleacă din ego, ci din inima Ființei lor și, astfel, de la însăși Natura. Astfel, atunci când cânt împreună cu Spiritul unei plante deosebite, pentru a prepara un medicament cu ajutorul acestei plante, intenția mea nu se formulează în termeni gen "vreau ca acest medicament să vindece o anumită boală" sau "vreau ca acest medicament să alunge această boală", pentru că aceasta ar veni de la ego. Noi înțelegem cu inima că esența lucrurilor este îndreptată către perfecțiune, chiar dacă ce se găsește în jurul acestei esențe nu este tocmai perfect. De aceea, atunci când intonăm un cântec, o facem din această perfecțiune, care ne susține profund în acest demers. Incantația pentru o plantă ne poate, astfel, ajuta să creăm un remediu. Printr-o simplă intenție, comunicăm din zona cea mai adâncă a inimii noastre cu Spiritul plantei. Îl abordăm incantând în cel mai frumos mod cu putință și ascultând informația care provine din această plantă. Dacă facem mult timp incantații în acest fel, începem să comunicăm cu Spiritul plantei și să devenim una cu ea. Călătorim într-o altă dimensiune și înțelegem legile naturale din jurul acestei plante. Atunci, esența sa poate apărea sub forma umană a unei femei frumoase care dansează în jurul plantei, plină de culori și frumusețe. Această femeie poate să cânte pentru noi și să ne explice că astăzi e o zi potrivită pentru a prepara niște ierburi medicinale, datorită ciclului lunii noi. Acesta poate fi începutul viziunii noastre. Cu cât cântăm mai mult, cu atât experimentăm mai mult viziunea și esența lucrurilor.

Pentru a înțelege un *icaro*, e nevoie să ne înțelegem corpul, modul în care respirăm, modul în care comunicăm, atât cu lumea exterioară, cât și cu lumea interioară. Dacă ne observăm respirația cu atenție, ne dăm seama că aceasta exprimă pe deplin ceea ce suntem în prezent. Fără putere, plini de milă de sine, nu putem intona un *icaro*, pentru că acesta este un cântec al puterii. Energia cântecului va transmite mila de sine în loc de puterea echilibrului din realitatea Pământului Mamă.

Dacă respirația noastră este insuficientă și, în anumite privințe, limitată, cântecul va transmite această limitare și va fi doar un cântec ca oricare altul. Prima etapă din intonarea unui *icaro* constă în eliberarea respiraţiei. Numai o intenţie pură permite respiraţiei să se mişte liber ca vântul, ceea ce poate părea simplu, dar e nevoie de mulţi ani de practică pentru a ajunge conştient de tiparele noastre de respiraţie.

În şamanismul Huachuma, există un mini *icaro* pentru detoxifierea ficatului, realizat cu ajutorul sunetului "*aahh*". Foarte simplu, acesta ajută la deschiderea respiraţiei. Practicând sunetul "*aahh*", se poate observa cum reţinem toxinele în organism, din punct de vedere energetic. Devenim conştienţi de modul cum fălcile şi tensiunea din jurul feţei creează o mască ce împiedică exprimarea adevăratului sunet "*aahh*". Acest adevărat "*aahh*" se poate produce uneori când cineva rosteşte un "*aahh*" spontan – fără să se gândească. Aceste reprezintă modul corect de a scoate sunetul simplu al unui *icaro*. Acest sunet este emis atunci când inima este împăcată cu sine, atunci când spiritul este concentrat şi când emoţiile sunt pe deplin exprimate. Este benefic în mod deosebit atunci când suntem în şoc sau când simţim că frica ne trage în urmă. (Pentru a respecta corpul, este important să respectăm ficatul.) Prin incantarea acestui *icaro*, sunetul "*aahh*" deplasează energia blocată, eliminând-o din ficat şi ajutându-l să se detoxifice. Atunci, suntem capabili să depăşim blocajul, când frica şi şocul ne pun limite. Atunci, putem trăi fără teamă, putem îndepărta trauma din corpul nostru şi îi putem permite puterii Cosmosului, armoniei naturii, să re-intre în această zonă a fiinţei noastre fizice, permiţând vindecarea, un proces care atinge, de altfel, şi aspecte mentale şi afective.

Să cântăm, aşadar, puterea simplă şi pură a vieţii şi să îi celebrăm plantele, animalele, culorile, mişcarea şi frumuseţea. Să ne bucurăm de esenţa lucrurilor prin puterea cântecelor, clădind un pod pentru noi toţi (tineri şi bătrâni), pentru a experimenta Universul minunat ce cântă prin inimile noastre.

Respiraţia

În şamanismul Huachuma, respiraţia corectă este considerată ca fiind însăşi sursa echilibrului vieţii. În timp ce inspirăm, resimţim senzaţia de expansiune, în timp ce expirăm contracţia. Între inspiraţie şi expiraţie, dacă conştiinţa noastră se află în armonie cu extinderea şi contractarea Universului şi a întregii vieţi, atunci putem experimenta iluminarea.

Dacă ne aducem aminte prima noastră respiraţie, momentul când am pătruns în această lume, putem înţelege puterea conţinută în acel moment. Atunci când un copil respiră pentru prima dată, Spiritul intră în corpul său fizic. Expansiunea aerului inspirat îl pune în legătură cu emoţiile şi mintea. Odată cu întreruperea respiraţiei, se încheie şi experimentarea emoţiilor. În acea fracţiune de secundă, copilul spune "da" sau "nu" vieţii. Dacă spune "nu", aceasta înseamnă că nu este în echilibru cu propriul său spirit.

La fel, atunci când respirăm cu emoţie, dacă nu suntem conştienţi de aceasta, experienţa acestei emoţii va fi reprodusă cu o a doua emoţie, şi aşa mai departe... Emoţia astfel consolidată se manifestă în organism. Procesul continuă adeseori timp de mulţi ani, până la maturitate. Se respiră şi, adeseori, se spune "nu" vieţii, dar la un nivel atât de subtil, încât propriul eu nu o realizează, nu este conştient de aceasta.

A practica câteva tehnici de respiraţie completă, chiar şi numai timp de zece minute, în fiecare dimineaţă, ne ajută să înţelegem ce este respiraţia.

Dacă nu aveţi timp decât pentru un singur exerciţiu de respiraţie, vă sugerez această tehnică străveche şi puternică de respiraţie. Practicaţi-o timp de două săptămâni şi rezultatele vor vorbi de la sine. Apoi, dacă doriţi, o puteţi practica pentru tot restul vieţii.

Cel mai bine este dacă faceţi acest exerciţiu în aer liber, atât dimineaţa, cât şi seara.

1. Staţi în picioare sau staţi drept pe un scaun, încercând să conştientizaţi coastele inferioare şi diafragma. Simţiţi-vă mâinile total relaxate. Alipiţi degetul mare de arătător, la ambele mâini, şi apăsaţi uşor.

2. Inspiraţi uşor pe nas, asigurându-vă că diafragma şi coastele inferioare se lărgesc şi deplasează uşor către exterior.

3. După ce v-aţi umplut plămânii şi diafragma cu cât mai mult aer posibil, încercaţi să mai respiraţi, astfel încât corpul să se extindă la maxim.

4. Acum eliberaţi aerul pe gură, ţinând buzele parţial închise, astfel încât să auziţi un şuierat ca de vânt odată cu expirarea completă a aerului inspirat.

5. După ce aţi expirat tot aerul, trageţi aerul din coastele inferioare şi diafragmă, pentru a fi contractaţi la maxim.

Repetaţi acest exerciţiu de 5-7 ori, într-un loc liniştit.

A respira corect înseamnă a spune "da" vieţii, în toate aspectele sale, cu bune şi rele. Aceasta ne dă curaj să experimentăm o parte din noi, care a fost lăsată deoparte mult timp. Nu există scurtături pentru a ne modifica tiparele de respiraţie şi pentru a intra într-o relaţie armonioasă cu extinderea şi contractarea Pământului Mamă. E nevoie de practică, o practică nesecretă, de altfel, dar care necesită timp şi disciplină.

Atunci când ne angrenăm într-o transformare interioară, gusturile noastre, modul cum gândim şi privim lucrurile se schimbă, aşa cum şarpele se leapădă de pielea cea veche, pentru a o înlocui cu una nouă. În acel moment, ne dăm seama cât de mult se leagă respiraţia de absolut tot.

O respiraţie superficială/repezită şi discontinuă este un indiciu al slăbiciunilor şi temerilor noastre. Astfel, trebuie să ne canalizăm eforturile către dezvoltarea unui stil mai profund şi complet de a respira. Energia, prezentă preponderent în zonele inferioare ale organismului, începe să se extindă, iar noi începem să trăim viaţa mai intens şi mai frumos.

În vise, putem vedea procesul de transformare ca pe o parte din noi, ca şi când am fi într-o peşteră de granit (granitul este roca ce reţine amintirile noastre cele mai îndepărtate). Brusc, am putea descoperi o deschizătură în această grotă, care ne duce la o comoară formată din aur strălucitor şi bijuterii care-ţi iau ochii.

Cunoaşterea nu provine din limitări, ci din eliberarea noastră de propriile limitări. Dacă respiraţia noastră este întinată de negativism, nu putem ajunge la o cunoaştere adevărată, întrucât ne putem noi înşine limite. Prin mânie, depresie ori nefericire, ne "încuiem", ne blocăm într-o iluzie creată de noi, separându-ne, astfel, de bucurie şi fericire, care reprezintă emoţiile din zona cea mai profundă a Fiinţei noastre.

Atingem Unitatea depăşindu-ne limitele mai degrabă decât transformându-le sau distrugându-le. Pentru a depăşi aceste limite, ne putem aşeza în faţa unei oglinzi, preţ de câteva minute, observându-ne postura, plămânii, abdomenul, umerii şi sinele, aşa cum apar în oglindă. Oare respirăm profund? A respira profund în acest moment este calea cea mai uşoară de a onora Viaţa şi esenţa acesteia. Făcând acest lucru, începem să spunem "da" Vieţii şi să fim liberi în corpul nostru.

Această stare, care ne conectează la esenţa lucrurilor, este imposibil de atins dacă, asemenea majorităţii oamenilor, avem un tipar de respiraţie superficială şi discontinuă. Acest lucru se întâmplă atunci când corpul energetic şi cel fizic s-au materializat în frică şi s-au separat de Iubire, de cursul Vieţii. În această situaţie, respiraţia îşi modifică ritmul şi se scurtează.

Postura noastră şi corpul nostru energetic sunt, deopotrivă, menţinute în frică şi au o energie care atrage situaţiile negative, chiar dacă este doar o realitate creată printr-o iluzie a gândurilor noastre. Acest tip de respiraţie superficială exprimă, în mod inconştient, separarea noastră de ideea că Viaţa este perfectă şi nelimitată, caz în care Realitatea nu poate fi experimentată în totalitate.

Este fascinant să vezi cum, spunând "da" Vieţii, sănătatea ni se îmbunătăţeşte, inteligenţa primeşte flash-uri de iluminare, iar ritmul cardiac nu mai este atât de accelerat, se linişteşte. Decelerarea pulsului inimii prin respirație ajută la oxigenarea sângelui și ne relaxează mușchii și organele, ceea ce ne prelungește viața și ne permite să apreciem lucrurile simple din viață. Este o sursă de bunăstare și stare de bine în domenii spirituale și afective, precum și în profunzimile Ființei noastre.

Acordând atenție modului cum respirăm, înțelegem că transformarea interioară își are bazele în organismul nostru, iar respirația profundă, eliberată, completă, naturală constituie o legătură cu părți din noi care sunt separate de Viață și care trebuie să își găsească armonia, echilibrul cu puterea Pământului Mamă. Aceasta înseamnă inteligență.

Nu te ajută cu nimic să fii mâniat sau supărat, plin de ură, să comiți suicid sau să dai vina pe alții pentru problemele tale. Nu numai că ne distruge, dar le și produce disconfort și suferință celorlalți. Schimbând în sens pozitiv ritmul și profunzimea respirației noastre, ne putem schimba totodată înfățișarea și conștiința. Ne putem preschimba mânia și anxietatea și putem stopa distrugerea propriului corp, pentru simplul fapt că putem spune "da" Vieții.

Ca și în cazul copilului, totul începe cu respirația. Respirația conștientă în prezent ne reamintește că fiecare moment este o experiență a libertății.

Libertatea nu se dobândește printr-o tehnică, ci este, mai degrabă, expresia a ceea ce suntem, fizic și mintal. De fiecare dată când devenim conștienți de respirația noastră, să ne plasăm Sinele în acest moment.

Să ne eliberăm corpul. Să îl umplem cu o respirație adâncă, profundă, și să expirăm, să ne eliberăm, să ne eliberăm, să fim aici, în momentul prezent, prezenți în fiece clipă minunată. Respirația profundă, domoală este o respirație care exprimă pe deplin libertatea.

Puterea voinței și intenția

Majoritatea oamenilor sunt conduși de voință. În general, facem lucruri în viață, pentru că voința noastră, ego-ul nostru creează acea logică pentru: "vreau asta", "vreau aia", "când voi avea aia... voi fi fericit, nu voi mai suferi", dar voința ne arată lumea altfel decât este ea în realitate. Sindromul "eu vreau" generează tipare care pot forma un cerc vicios de gelozie, mânie și întuneric, creând o lume a fricii, îndoielii și disconfortului, îndepărtându-ne de adevăratul Eu conectat la Bucurie, Iubire și Lumină. În această lume, vedem lucrurile dintr-o perspectivă individuală, subiectivă, care ne plasează corpul, respirația și mintea într-o stare continuă de stres. Nu realizăm ce motivează aceste dorințe. Având gânduri precum "dacă nu muncesc, nu îmi voi putea plăti chiria" sau "dacă nu fac îndeajuns, nu voi fi răsplătit", uităm că "eu" este doar o iluzie și că acest cerc vicios nu ne va mulțumi niciodată.

Frica emoțională și mintală, înrădăcinată în corpul și în mintea noastră, ne poate părea reală, dar nu este decât o iluzie, fiind parte din acel "eu" ireal. Acest mod de a vedea lucrurile se regăsește în teama de a îmbătrâni, de a rămâne singur, de a muri, ceea ce nu numai că generează un sentiment neplăcut de separare, dar și susține profund apariția bolilor fizice și mintale, a obezității sau anorexiei, astmului sau bronșitei, problemelor de vedere, etc.

Contrar voinței, care pune ego-ul pe primul plan, intenția este animată de inimă și ființa noastră intrinsecă. Este pur și simplu o expresie a iubirii pure pentru toate lucrurile și toți oamenii. Referința sa nu este nici trecutul, nici viitorul, ci prezența profundă și deplină a vieții însăși. Atunci când ego-ul nu își dorește nimic, dispare și stresul. Când există doar o pură intenție, mintea, corpul și respirația sunt eliberate. Cu cât ne relaxează mai mult această intenție, cu atât suntem mai prezenți în starea de bucurie și fericire pură, care face parte din plenitudinea Vieții și pe care nu ar trebui să o căutăm în afara noastră. În comunităţile de şamani Huachuma, a-ţi trăi viaţa cu intenţie pură este un tip de conduită care împrumută din ritmurile Naturii.

Atunci când şamanii conduc ceremoniile de vindecare, se aşează într-un spaţiu al Iubirii, Bucuriei şi Fericirii şi, astfel, se asigură că intenţia lor este pură. Din acest spaţiu, ei oferă daruri şi ofrande Pământului Mamă şi tuturor formelor de viaţă care demonstrează respectul şi legătura cu tot ceea ce îi înconjoară. Ofranda lor nu este o rugăciune, ci mai degrabă o expresie a intenţiei lor. Extinzându-ne Fiinţa în dinamica prezentă a vieţii, evadăm din tabloul realităţii creat de ego şi ne întărim conştientizarea vieţii mai degrabă decât tânjim după tot. Participăm ca parte a Universului, nu ca parte a unui spaţiu al dorinţei.

...

Este foarte dificil de descris experienţa unei asemenea ceremonii de vindecare. Pentru a permite Vieţii să ne ajute să înţelegem imaginea realităţii pe care am creat-o pentru noi, trebuie să ne supunem energiei Universului, nu ego-ului care spune "eu vreau". Această muncă presupune multă concentrare, la început, pentru că trebuie să laşi deoparte jocurile minţii şi emoţiile şi să rămâi conectat la ceea ce se prezintă pe durata ceremoniei, ceea ce nu este uşor. O modalitate bună de a rămâne prezent este să fii relaxat, fără să faci nimic, ci numai să respiri profund şi lent (expirând profund atunci când daţi aerul afară). Cu cât respirăm mai profund şi mai lent, cu atât suntem mai conectaţi la prezent şi la ceea ce ne înconjoară, de aceea şi mai conştienţi.

Respiraţia superficială, discontinuă (întreruptă), doar în partea superioară a plămânilor, este o expresie fizică a faptului că trăim în afara intelectului şi eu-lui nostru. Acest tip de respiraţie atestă faptul că ne dorim cu ardoare să schimbăm sau să provocăm lucrurile din jurul nostru, că ne dorim să schimbăm acea imagine a vieţii noastre deja clădită, în loc să ne conectăm la Pământul Mamă şi cursul firesc al vieţii. În mod similar, dacă respirăm numai în partea inferioară a plămânilor, la nivelul abdomenului, recunoaştem existenţa sentimentelor noastre, dar aceasta nu este de ajuns. Putem lucra cu adevărat cu propriile sentimente și emoții atunci când respirăm cu intenție pură, înrădăcinată și concentrată în inimă. Chiar și atunci, nu sunt doar sentimentele noastre, ci și ființa noastră fizică și intelectul care trebuie centrate într-un spațiu inspirat de ritmul armonios al vieții. Respirația totală, completă se realizează atunci când părțile inferioare, medii și superioare ale plămânilor sunt utilizate integral și în armonie. Schimbându-ne modul de a respira într-unul total, complet, ne putem schimba și tiparele vieții, însă pentru aceasta este nevoie de efort.

...

Secretul intenției rezidă și în abilitatea noastră de a comunica cu Natura, având un corp profund relaxat, cu respirația completă și totală. Atunci suntem capabili să cântăm cântece care ne vin în mod natural din cele mai profunde lăcașuri ale ființei noastre și, prin acestea, ne putem conecta prin vibrații subtile la Univers, ceea ce ne deschide în mod natural inima pentru a se exprima prin sunete sacre.

...

Celulele corpului poartă în ele amintiri, iar fiecare celulă din corpul nostru trebuie să susțină intenția. Dacă celulele poartă reminiscențe ale unor sentimente și amintiri nearmonioase, acestea vor întina puritatea intenției.

Centrată pe divin și perfecțiune, intenția concentrată în inimă poate face ca toate gândurile noastre lipsite de armonie și bolile noastre să dispară, însă procesul este unul lent și de durată, pe măsură ce noi înșine devenim și mai prezenți vizavi de noi înșine. Acesta este și motivul pentru care, în tradiția Huachuma, o ceremonie nu poate fi condusă decât de cineva cu intenții pure.

Dacă darul nostru pentru Pământul Mamă nu este o extensie a Sinelui, ci, mai degrabă, o imagine a realității cotidiene pe care încercăm să o schimbăm, atunci ceremonia nu va avea magie și putere.

Atunci când ceremonia este condusă numai de puterea voinţei (cea a eu-lui), la un anumit nivel, va transmite întotdeauna negativism, într-o anumită măsură. Prezentul nu va fi respectat, deoarece mintea se va axa pe trecut sau viitor, precum şi pe imaginile realităţii create.

Lumea modernă a generat materialism în toate aspectele vieţii – în politică, ştiinţă, medicină. Această limitare, avizată de oameni, a devenit o realitate cu care se confruntă şi care constituie o provocare pentru ei, un colectiv bine condus. Aceasta îi împiedică să înţeleagă puterea Universului şi să perceapă că procesul vieţii este mult mai complex decât pare. Pentru şamani, lumea occidentală trăieşte la ora actuală în iluzia pe care şi-a creat-o, iluzie care provine din faptul că (occidentalii) şi-au permis să fie limitaţi.

În contrast cu aceasta, starea de "non-separare" ne intensifică sentimentele, amintindu-ne de starea primordială a omenirii şi potenţial său intrinsec, prezent în noi toţi.

...

Atunci când stăm jos, să fim conştienţi de propria respiraţie, conştienţi de orice gând sau amintire nearmonioasă, conştienţi de tensiunile din corpul nostru. Să conştientizăm imaginile realităţii pe care am creat-o şi să vedem ce se întâmplă atunci când această conştiinţă se schimbă şi atingem o stare în care nu există tensiune, o stare de respiraţie profundă, axată pe inimă, plină de pace şi linişte intensă. Să devenim conştienţi de proces şi modul în care tot ceea ce ni se pare imposibil – din cauza limitărilor transmise – se poate modifica şi poate deveni posibil. Atunci începem să înţelegem ce este intenţia şi atunci apare sentimentul magic că totul este posibil.

Separarea

Pe măsură ce cresc, copiii își ascund părți ale corpului. La vârsta de șapte luni, eul începe să se instaleze în structura copilului.

Fontanela se închide. Le cresc dinții (simbolul ego-ului) și se produce sentimentul de separare. Prin varii mijloace, adulții, care au interiorizat acest sentiment de separare, se pot implica în lumea exterioară în achiziția de autovehicule și bogății materiale, consumul de droguri, în căutarea unor diverse metode de a se destinde și a se simți bine.

Pentru unitatea pe care o caută, ei ar trebui să nu facă nimic din cele de mai sus, deoarece ceea ce caută se află, de fapt, în ei, în forul lor interior, și nu în afara lor.

Lumea interioară a unui copil mic care plânge amar, care lovește, mușcă, este obraznic și distructiv, în încercarea sa de a-l face pe adult să realizeze suferința sa, se poate compara cu cea a adultului rănit de mai sus. Dacă nu se recunoaște teama copilului de separare, dacă nu se vorbește deschis despre aceasta și nu se transformă conștient prin acțiuni pline de afecțiune și exemple elocvente ale părinților, copilul și adultul vor continua deopotrivă să fugă de anumite părți din ei, creând frustrare și boală la numeroase niveluri ale vieților lor.

Obsesia de a găsi partenerul perfect, de a cumpăra un Ferrari roșu, de a câștiga o mulțime de bani, toate provin dintr-un univers lăuntric cufundat în întuneric, dar care se zbate să iasă la lumină. Energia acestui univers lăuntric întunecat trebuie recunoscută și onorată în mod conștient. Dacă rămâne încuiată în cutia micuță a existenței pe care și-a fabricat-o, alcătuită din limitări, suferință și frică, va continua să se manifeste în mod negativ și distructiv.

Cred că această separare este forța motrice din spatele războaielor, a vrajbei din familie, precum și a altor conflicte personale și de cuplu.

Care este soluția? Soluționarea conflictului trebuie să înceapă cu atenuarea conflictelor interne, și nu cu încercarea de a schimba lumea din jur. La ora actuală, mai mult ca oricând, trebuie să fim în stare să îmbrățișăm principiul pe care societățile de șamani și societățile tradiționale îl prețuiesc atât de mult, și anume acela potrivit căruia fiecare om, fiecare parte vie a Naturii este conectat(ă) și trebuie onorată în fiece moment, așa cum se onorează un oaspete de seamă.

Exercițiul următor, unul simplu, constituie o cale puternică de a ne aminti de iubire. Fiecare pas mic pe care îl facem pe drumul către unitate creează un impact puternic asupra celor din jurul nostru, lucru care poate nu se vede imediat, dar este vizibil la un nivel superior și în locuri ascunse, tainice din inima noastră.

Găsiți un loc confortabil, liniștit sau întindeți-vă pentru a face exercițiul.

Respirați adânc în zona inimii. Inspirați și expirați ușor, încet. În timp ce expirați, eliberați frustrarea, stresul și mânia. Imaginați-vă și simțiți prezența persoanei pe care o iubiți cel mai mult și închipuiți-vă că vine spre dumneavoastră, zâmbindu-vă și deschizând brațele ca pentru a vă îmbrățișa. Simțiți dragostea și senzațiile calde care vă împresoară în timp ce îi zâmbiți și dați să o îmbrățișați și dumneavoastră.

Acum începeți să vizualizați că acea persoană se preschimbă în persoana cu care ați dori cel mai mult să soluționați un conflict. Priviți-o/priviți-l cum vă zâmbește în același mod iubitor și deschideți-vă inima așa cum ați făcut și în cazul persoanei pe care o iubiți cel mai mult. Nu uitați să nu vă permiteți să vă întoarceți la sentimentele sau gândurile negative pe care această persoană le trezește în dumneavoastră.

În schimb, tot timpul deschideți-vă inima către sentimentele pe care le nutriți vizavi de persoana pe care o iubiți cel mai mult (repetați aceasta de câteva ori, dacă vă vine greu) și reveniți mereu la imaginea persoanei cu care doriți să soluționați un anume conflict.

Veți fi surprins(ă) că inimii îi va veni ușor să facă acest lucru, dar mintea (ego-ul) va încerca să vă saboteze eforturile. De îndată ce veți fi reușit să depășiți acest sabotaj, între dumneavoastră și persoana cu care doriți să faceți pace se va crea o punte, grație faptului că imaginea sa în forul dumneavoastră interior s-a schimbat.

Prin acest exercițiu, veți învăța că schimbarea pornește din interior și că, ulterior, lumea exterioară se conformează.

Libertatea

Șamanismul, așa vechi și mistic cum este, poate fi asimilat și practicat de occidentali în fiecare zi și poate constitui un stil nou de viață, bazat pe înțelepciunea ancestrală. Strămoșii noștri au înțeles că libertatea se bazează pe adaptarea la un Cosmos în care totul este Unu și în care Unu este expresia tuturor. Cu polarizarea rapidă a lumii moderne în dorințe și conflicte mânate de ego, dintr-un sine orientat către el, am pierdut acest simț al echilibrului și suntem în pericol să trăim într-o lume egoistă, care ne îndepărtează de Viață. Acum, mai mult ca oricând, e important să creăm un liant între echilibrul profund al Naturii, care este esența Vieții, și activitățile noastre cotidiene. Pe viitor, acest echilibru va deveni, probabil, mai comun în economia, filozofia, politica și gândirea generală a societăților occidentale, dat fiind că din ce în ce mai mulți oameni practică discipline spirituale orientate către realizarea acestui țel armonios. Umanitatea va fi mereu preferată morții, așa cum libertatea va fi întotdeauna preferată limitării.

Ceea ce face ca șamanismul Huachuma să fie atât de special este că privește libertatea ca pe un dar al Naturii și Cosmosului oferit omenirii. Putem experimenta libertatea ca pe un dar atunci când percepem viața prin Sinele interior conștient. Munca spirituală înseamnă să înțelegem și să depășim forțele negative care ne împiedică să spunem "da" Vieții. Aceste forțe sunt, de fapt, o manifestare a dezechilibrului.

Alegerea este următoarea: trăim în acord cu forțele dezechilibrului, creând discordanță, dezarmonie în noi și în jurul nostru, sau creăm echilibru în viața noastră, trăind în armonie cu forțele naturale și cele cosmice, ceea ce reprezintă, de altfel, chintesența șamanismului. Este ceea ce au făcut strămoșii noștri și ceea ce unii membri ai societăților tradiționale fac și astăzi, fiind mult mai puțin distrași decât cei din lumea modernă.

Atunci când începem să abandonăm distragerile de zi cu zi și devenim conștienți de forțele dezechilibrului care ne afectează Sinele profund, se ridică o întrebare în mod natural: "Până când vom permite acestor forțe să ne rupă echilibrul?" Totul este o chestiune de alegere și o expresie a propriei noastre libertăți. A face alegerea corectă ne permite să trecem peste ceea ce cauzează limitele din viața noastră. Iar dacă din cea mai adâncă, profundă zonă a Sinelui înțelegem că limitarea este o creație bazată pe un singur gând, atunci ne putem folosi de acest gând – așa limitat cum e el – pentru a ne consolida intenția de a ne ancora în prezent, și nu în trecut. A fi prezenți cu trupul, mintea și emoțiile noastre ne conferă libertatea de a trăi Bucuria și Dragostea. Această libertate exprimă Sinele interior într-un mod foarte creativ.

Experiența care constă în descoperirea Totalității sau Unității în viața noastră este adevărata semnificație a Iubirii. Putem fi nemulțumiți atunci când nu suntem animați de această Bucurie și Iubire și când acestea nu ne înconjoară, atunci când simțim că realitatea este compusă din violență, sărăcie, boală și suflete rănite. În șamanismul Huachuma, aceste lucruri nu reprezintă realitatea, ci mai degrabă gândurile care ne creează experiența. Viața a decis aceste lucruri pentru noi, dar noi putem oricând alege să evităm să fim perturbați în forul nostru interior de circumstanțe exterioare. Putem, de pildă, decide să nu fim mișcați de laude sau critici. Ne putem asuma responsabilitatea pentru acțiunile noastre și putem refuza să ne considerăm victime. O alegere de genul acesta poate schimba totul.

Fiecare lucru își are locul în lume, chiar și suferința. Dacă o acceptăm ca parte din TOTUL care ESTE, suferința devine șansa noastră de a ne elibera de negativism. Aceasta se poate transforma în mod magic într-o experiență a Totalității sau Uniunii. Suferința este un dar al Naturii, întrucât este o lege care împiedică Universul să se prăbușească, legea care menține unitatea din Cosmos. Această lege a echilibrului se regăsește pretutindeni și în fiece ființă umană. Singura problemă este că mintea și eul, care disting oamenii de alte creaturi vii, îi împiedică să experimenteze acest echilibru.

Atunci când mintea și eul fac distincția între lumea exterioară ca fiind separată de sine, creează un complex de gânduri și sentimente care generează un sistem de credințe. Atunci ei răspund doar la situații "din afară", exterioare lor, fără a putea face o alegere, fără a avea libertatea de a vedea dincolo de iluzia separării pe care au creat-o.

Circumstanţele apar şi dispar, dar factorul extern determinant rămâne şi se consolidează. Din cauza sentimentului că le lipseşte libertatea, ajung să "fugă" după lucruri despre care consideră că aduc bucurie şi experimentează un mare disconfort. Unii cred că prin controlul exercitat asupra a diverse "elemente", având mai mulţi bani, mai multă sănătate, mai multă protecţie faţă de "lovituri" şi violenţă, vieţile lor ar fi mai fericite. Poate că, pentru o scurtă perioadă, chiar sunt, dar, atunci când circumstanţele se schimbă din nou, pentru a trăi fericirea, noi continuăm să căutăm fericirea, încercând, în acelaşi timp, să schimbăm lumea exterioară. Credem că, detaşându-ne de suferinţă, vom fi fericiţi, dar îndeplinirea acestor dorinţe nu ne aduce fericirea dorită, pentru că se bazează pe evitarea Vieţii. Cu cât încercăm mai mult să controlăm lumea care ne înconjoară, cu atât avem mai puţină libertate. Disconfortul pe care îl resimţim provine din rezistenţa de a afla adevărul şi din credinţa că mintea şi eul, care exprimă separarea, pot înţelege Totalitatea şi Uniunea. Cu toate acestea, Bucuria şi Pacea provin din Uniune şi Totalitate. Ele nu ne sunt străine (exterioare), ci fac parte integrantă din noi şi reprezintă o extensie a tot ceea ce facem. Adevărata libertate vine din interior, din forul nostru interior care nu cunoaşte ideea de separare.

De îndată ce recunoaştem că mintea şi eul nu ne oferă soluţii mulţumitoare în ceea ce priveşte propria căutare a fericirii, dragostei, păcii şi spiritualităţii, şi că orice luptă, orice cercetare şi orice aşteptare a ceva separat şi în afara noastră reprezintă o pierdere de timp, atunci abia putem experimenta libertatea. A renunţa la această convingere este cu adevărat ceva magic. Ne liniştim în mod natural, iar, în această pace, ne putem conecta la Tot(alitate).

Aşa cum pasărea Phoenix se ridică din propria cenuşă, o nouă atitudine reclamă viaţa. În inimile noastre, ajungem să înţelegem. Ne putem, astfel, reorienta credinţele şi putem pune bazele libertăţii şi transformării. Acest loc al înţelegerii, în care ne simţim confortabil în orice situaţie, provine mai degrabă din pacea interioară decât din faptul că aşteptăm sau căutăm ceva. Atunci, fiecare pas pe care îl facem pe drumul nostru, se transformă într-o expresie a Libertății, Bucuriei și Dragostei. Singurătatea, dacă apare, nu ne mai provoacă tristețe, întrucât nevoile noastre nu mai sunt determinate de lumea exterioară. Nu avem nevoie să ne umplem viața cu una sau cu alta.

Fericirea este, în mod firesc, prezentă în experiența profundă a non-separării. Ajungi să înțelegi că nu mai e nevoie să îți axezi viața pe ceea ce se află "la exterior", să te separi de lume, să te ascunzi într-o peșteră, (fiind) inaccesibil Vieții. Din contră, e vorba de a fi profund unit cu lumea, de a trăi Viața în totalitate, de a te deschide în fața situațiilor și circumstanțelor într-un mod echilibrat, pentru a te simți mai liniștit, mai împăcat. Fericirea, în forma sa cea mai pură, aduce lumină și conștiință în toate umbrele de disconfort. Conștiința noastră se mișcă încet într-o direcție în care totul devine o parte din ea, în care totul devine mai limpede, mai luminos. Este un proces gradual în care spațiul și energia îmbracă două forme: expansiunea și contractarea. În șamanismul Huachuma, conștientizarea respirației reflectă o lege fundamentală a Universului. Noi știm că prin inspirare experimentăm expansiunea, iar prin expirare experimentăm contracția, dar este important să ne dăm seama că universul și toate creațiile sale experimentează și ele expansiunea și contracția. Conștientizarea faptului că Universul și toate creațiile sale se află într-un proces continuu, în care toți suntem implicați, necesită o liniște interioară profundă.

Prinși în capcana dezechilibrului exterior, trăim în umbra nopții, uitând că întunericul și suferința sunt doar expresii ale unei conexiuni incomplete, care ne privează de libertatea de a ne realiza potențialul nelimitat, ne privează de însăși experimentarea Bucuriei, dar, cu cât corelăm mai mult nivelul conștiinței cu ideea de interconexiune a fiecărui lucru, cu atât mai profund experimentăm starea de bine și vitalitatea spirituală. Efectuarea unei "călătorii" în forul nostru interior, cu intenția de a ne adapta la ordinea lucrurilor, ajută la instituirea unui sentiment de încredere. Închipuiți-vă că rămâneți nemișcați, și, în această liniște, găsiți "întregul". Ce sentiment minunat să fii în armonie cu Tot ceea ce există – un sentiment de participare justă la mersul Universului!

Cele Patru Direcții și Mesa

În societățile străvechi, neaoșe, cele patru direcții sunt indicatoare fundamentale, fiecare dintre ele oferind o înțelegere aparte a complexității cosmosului. Șamanismul Huachuma privește Universul și lumea în care trăim ca pe o pânză uriașă de păianjen ale cărui părți componente sunt, în același timp, interconectate și separate. Universul este considerat o părticică din fiecare ființă umană și vice versa; în timp ce ne conectăm la acesta, ne permitem să suferim transformări.

Transformarea personală constă în a renunța la căile ușoare, în a ne distanța de lumea pe care am creat-o și în a atinge o stare de detașare sau lipsă de responsabilitate. Responsabilitatea este o formă de control. A dezvolta o stare de "lipsă de responsabilitate" înseamnă a șterge nevoia de a ne atașa de lucruri, așa cum sunt ele, sau de a le controla, ceea ce implică o transformare majoră în sinea noastră, în interiorul nostru.

Această transformare presupune a lua viața în serios și a-i realiza valoarea. În loc să jucăm pur și simplu jocul vieții, cu suferința implicită aferentă acestui joc, putem face un pas într-o parte și analiza de ce lucrurile sunt așa cum sunt. Acest lucru, însă, nu survine atâta timp cât o situație ce conferă înțeles vieții nu ne atinge. Poate fi o criză dureroasă care ne zguduie existența, dar ne și poate ajuta să înțelegem că Viața înseamnă mai mult decât lumile mici în care trăim și care, probabil, ne încântă. Firește, a realiza acest lucru, care plasează eul deoparte, poate fi extrem de dureros.

Adeseori, conștientizarea răsare din durere. Primul pas constă în a depăși iluzia pe care am creat-o pentru noi înșine, adică a ne elibera și a dezvolta o stare superioară de conștiință. Pentru a ne ajuta în dezvoltarea acestei conștientizări, șamanii Huachuma lucrează cu *mesa* și cele patru direcții.

Mesa, ori roata medicală, este un spațiu sacru alcătuit din simboluri interconectate. Șamanul așează, adeseori, un rubin sau alte cristale și pietre speciale în centrul *mesa*, precum și statui, obiecte sacre care se regăsesc într-un templu, amulete de jaguari şi alte animale, pentru a invoca Spiritele Pământului-Mamă. Şamanul priveşte acest spaţiu ca pe un altar care ne ajută să ne concentrăm mai bine asupra legilor naturii, care ne pot fi de folos în găsirea echilibrului nostru interior. Folosit în mod tradiţional, *mesa* permite operarea unei modificări în mod armonios, în parametrii celor patru puncte cardinale, determinând, astfel, locul nostru în Cosmos şi ajutându-ne să ne extindem conştientizarea inter-conexiunii dintre toate formele de viaţă. Fiecare direcţie reprezintă tipuri diferite de energii ale vieţii, în asociere cu diferite totemuri – animale, plante, pietre şi alte calităţi inerente ale Naturii. Deşi fiecare cultură atribuie semnificaţii specifice celor patru puncte cardinale, conotaţiile lor de bază sunt universale. Pretutindeni în lume, oamenii îşi ghidează vieţile şi comunităţile după cele patru direcţii, cerurile şi pământul:

– Sudul reprezintă direcţia activităţii, mişcării, căldurii, creşterii, vântului şi renunţării. Este de multe ori reprezentat de reptile precum şarpele, şopârla sau crocodilul.

– Nordul este direcţia păcii, a găurii negre, a frigului, a retrospecţiei interioare, a psihicului şi apei. Adeseori este reprezentat de bufniţă sau dragon.

– Estul este direcţia de unde răsare soarele, care simbolizează noile începuturi, iluminarea, naşterea şi renaşterea, viziunile, trezirea conştiinţei, corpul şi pământul. Adeseori este reprezentat de condor, vultur sau uliu.

– Vestul este direcţia apusului, reflectării, relaxării, reordonării lucrurilor, iertării, focului, luminii, unicităţii, sângelui, esenţei, Fiinţei şi inimii. Adeseori este reprezentat de jaguar, leu sau pasărea Phoenix.

Semnificaţia celor patru puncte cardinale este una extrem de practică şi asigură o bază pentru corelarea ciclului cotidian al activităţilor noastre cu ciclurile soarelui, în ideea de a asigura un sentiment de participare justă la mersul Universului.

Pentru a urma mişcările semnificative ale planetei, strămoşii noştri au aşezat pietre în cercuri, temple şi locuri sfinte. Astăzi, putem reanaliza aceste relaţii şi putem înţelege care este locul nostru pe pânza Vieţii.

Sudul

Sudul este cel care ne ajută să ne debarasăm de trecut şi energia ataşată acestuia. În această direcţie ne eliberăm de emoţiile care se află localizate, de multe ori, la nivelul plămânilor, funcţie de modul cum respirăm. Asociat cu elementul aer şi Spiritul Vântului, sudul ne ajută să înţelegem că ceea ce noi credem că are caracter permanent este, de fapt, peren. Mai mult decât o simplă direcţie, în sensul fizic, Sudul reprezintă şi o parte din corpul nostru, mintea noastră şi emoţiile noastre.

Modul în care vedem lumea este, adeseori, cel dezvoltat în primele optsprezece luni de viaţă. Dacă am suferit vreo traumă în copilărie sau ceva mai târziu, în viaţă, aceasta este direcţia în care trauma noastră este stocată, şi acolo este blocat elementul vânt. Concepţiile noastre despre lume se formează, de multe ori, prin experienţe negative, chiar traumatizante, care ne împiedică să avansăm în ceea ce priveşte propria reprezentare a lucrurilor. Ideile şi imaginile din mediul ce ne înconjoară se imprimă asupra organismului nostru şi, ulterior, se consolidează. O anumită imagine a realităţii, o imagine iluzorie printre multe altele posibile, determină, astfel, experienţele de viaţă şi interpretările acestora.

Vântul este blocat. Energia nu curge. Dar nu este nevoie să stocăm definitiv suferinţa în această direcţie. Atunci când şamanul Huachuma se adresează Spiritului Vântului, îi poate cere ajutorul pentru a face să dispară acea traumă. Vântul permite energiei să circule şi ajută natura să se manifeste în mod mai echilibrat şi fluid.

Şamanul care lucrează în direcţia Sud nu trebuie să analizeze sau să înţeleagă lumea întreagă printr-o anumită imagine a realităţii. El mai degrabă va intona un *icaro* precum Cântecul Şarpelui. Şarpele este totemul favorit pentru această direcţie şi reprezintă mişcarea energiei.

Ajutându-ne să renunţăm la nevoia de a controla lucrurile, acesta susţine, practic, derularea unui proces de transformare. Intonând acest cântec, şamanul insuflă putere acelei părţi a corpului asociată cu Şarpele. Procedând astfel, el ajută partea bolnavă să se angreneze în procesul de eliberare, de renunţare. Renunţând, eliberându-ne de sentimentele, imaginile clădite, memoria şi ideile stocate în corpul nostru, acest lucru ajută pacientul să înceapă să privească lucrurile în mod diferit. Ataşamentul său faţă de imaginile vechi care l-au limitat se transformă în ataşament vizavi de Natura vie. Relaţia cu Viaţa şi prezenţa se re-crieează. Prin Cântecul Şarpelui, şamanul îi cere Pământului Mamă să ia parte la această transformare.

...

Nu de puţine ori, şamanul comunică cu plantele, care sunt conectate la Sud, pentru a şti cum să vindece o anumită afecţiune. Plantele asociate cu această direcţie sunt puternic legate de vânt, de exemplu porumbul, a cărui energie a vieţii se leagă de acest element, în contrast cu cartofii, a căror energie este mult mai terestră (porumbul creşte în sus, către vânt, cartoful creşte în jos, înspre pământ). Observarea proceselor legate de plante în această direcţie ne poate da informaţii despre procesul care se petrece în noi şi ne poate susţine evoluţia noastră în echilibru şi armonie.

Uneori, folosesc o floare-remediu puternic asociată cu Sudul şi caracteristicile sale de mişcare şi creştere. Acest remediu ne ajută cu delicateţe să ne învingem blocajele interioare care ne împiedică să fim în echilibru cu această direcţie. Într-un mod ferm, dar subtil ne ajută să ne eliberăm.

Într-o zi, i-am dat unei femei din Australia câteva picături din această plantă sensibilă (care se retrage atunci când este atinsă). Femeia respectivă fusese mereu foarte închisă în ceea ce priveşte trecutul ei, chiar şi cel al familiei. Dintr-odată, memoria i-a revenit şi a început să vorbească despre lucruri de care nu era conştientă înainte şi care o stânjeniseră foarte tare. Ulterior, mi-a mărturisit că, în timp ce se asculta povestind, se întreba dacă chiar ea era cea care vorbeşte. Inteligenţa plantei, Spiritul său, o ajutaseră să înţeleagă direcţia Sud şi să îşi "pună în mişcare" emoţiile blocate timp de ani în şir şi care îi cauzaseră numeroase probleme în viaţă. Natura acestui medicament atât de frumos este mişcarea sa.

În direcția Sud, lucrăm frecvent cu temerile și iritările noastre. Cele mai sensibile zone ale corpului nostru care exprimă aceste sentimente sunt nasul, ochii și urechile. Energiile blocate se exprimă, de regulă, în aceste zone deschise. Dacă o persoană suferă de alergii, care se accentuează în mod deosebit atunci când vântul poartă polenul, sau dacă are probleme respiratorii ori poartă ochelari, aceasta înseamnă că persoana respectivă are probleme în direcția Sud, în speță cu ideea de detașare, de eliberare, și, probabil, trebuie să aibă grijă cum gestionează această problemă a dezechilibrului, în această direcție.

Dacă cineva nu aude bine sau are probleme cu urechile, ceea ce nu poate asculta este, de multe ori, tocmai adevărul din spatele imaginii pe care și-a creat-o singur/singură.

...

În echilibru perfect cu fiecare direcție, șamanul nu are nevoie să își folosească mintea sau intelectul. El știe, intuitiv, când se produce un dezechilibru. Modul în care o persoană respiră, mișcarea plămânilor săi, legătura dintre respirație și mobilitatea corpului său îi dau, de multe ori, indicii despre boala de care suferă, mai mult decât analiza pur intelectuală.

Dacă vine la mine cineva cu negi și îmi spune că e foarte fericit(ă), observ că respirația sa nu e armonioasă și, de aceea, fericirea sa este de suprafață. Aceste persoane încearcă să ascundă o problemă, să se detașeze de aceasta, rezultatul fiind acela că respiră greu, folosindu-și doar partea superioară a plămânilor, ca și când ar încerca să evite să-și înfrunte adevăratele sentimente. Negul este doar o expresie a acestui blocaj și, în această direcție, nu este deloc negativ. Este ca și când un prieten i-ar spune persoanei cu negul: "Vezi ce faci, eliberează-te și dă-i voie energiei să circule, să se miște, să se instaleze în stomac!", dar, întrucât acestor persoane le este frică de ceea ce simbolizează, practic, negul, rămâne doar un memento acut. Aceste persoane vor să nu știe de acea problemă, încearcă să scape de ea, ceea ce este, de fapt, imposibil, deoarece, conform percepției șamanilor, toate se întrepătrund în această lume, totul este inter-conectat.

Frica este un sentiment sau mai bine zis ea reprezintă lipsa unui sentiment care întăreşte această imagine despre care noi credem că este realitatea. Este o energie care ne împiedică să avansăm, dar nu suntem conştienţi de ea. Procesul seamănă cu curăţarea unei cepe: cu cât creăm mai multă armonie în această direcţie, cu atât ne apropiem mai mult de esenţa noastră, cu cât circulă mai multă energie, cu atât mai puţine sunt lucrurile de care ne agăţăm.

Blocajele din direcţia Sud sunt localizate în prima chakră, acolo unde tind să se instaleze frica şi resentimentele. Numai atunci când începem să ne eliberăm, să renunţăm la acestea, energia poate să urce. Atunci când renunţăm la imaginea negativă creată de realitatea noastră, abia atunci vedem lumea aşa cum este ea de fapt, şi până şi visele noastre încep să se schimbe. De îndată ce îmbrăţişăm viaţa fără teamă şi ranchiună, culorile sumbre, adeseori prezente şi în vise, se transformă în culori vii.

Împrietenindu-ne cu "monştrii" din visele noastre, ne dăm seama că aceştia, de fapt, ne sunt prieteni. Acesta este şi motivul pentru care, în temple, desenele sau reprezentările monştrilor (care nu sunt, în fapt, decât aspecte ale propriei persoane, pe care nu le-am recunoscut) erau adeseori onorate. În loc să le respingă, să le îndepărteze, şamanul le consideră importante pentru a înţelege dimensiunile obscure din noi.

În templele străvechi, şerpii sunt, adeseori, priviţi în asociere cu strămoşii noştri, sculptaţi în stânci precum granitul (care are o densitate foarte mare şi este foarte greu), dat fiind că au puterea de a stoca informaţii energetice subtile. Dacă suntem atenţi, ajungem să înţelegem că aceste vestigii ale strămoşilor noştri reprezintă elemente ale evoluţiei noastre.

În direcţia Sud, avem două posibilităţi: fie mergem mai departe, fie interpretăm lumea printr-o prismă negativistă, ceea ce înseamnă o regresie în întuneric, părţi stagnante din noi. E nevoie de curaj pentru a înainta, ceea ce ne lipseşte adeseori, atunci când trăim în frică.

Dacă strămoşii noştri şi familiile noastre trăiesc într-o lume sau o cultură a fricii, poate fi dificil să o înfruntăm şi să mergem mai departe. În această direcţie, trebuie nu doar să ne eliberăm de propriile temeri la nivel psihologic, ci şi de cele de ordin cultural şi ancestral. Energia acestor temeri este localizată în spatele creierului, în creierul cunoscut sub denumirea de "reptilian" sau "creier primar".

Intenția armonioasă, la polul opus al fricii, transmite puterea Vântului — libertate și mișcare — iar noi putem crea experiența interioară a acestuia prin respirație. Așa cum am menționat deja, intenția este o stare de "non-responsabilitate" sau detașare, un loc al eliberării profunde, unde permitem esenței Vieții să creeze o imagine reală, nu una generată de frică.

Probabil că în direcția Sud trebuie să lucreze cei mai mulți occidentali, obișnuiți cu tipare obsesive de comportamente restrictive (țigări, alcool, droguri, etc). Nu trebuie decât să privim în jur, pentru a observa că, acționând în baza creierului reptilian, majoritatea oamenilor sunt calați pe latura materială. Această dependență pornește, în mare parte, din credința omului în propriile puteri, pe care le plasează peste puterea creației.

Deși nu renunță la dorință, ego-ul lor devine slavul materialismului, care îi slăbește legătura cu Natura, elementul fundamental al Vieții. Țigările, alcoolul, banii, familia sau orice altceva sunt doar expresia realității în care trăim, o realitate în care limitările sunt create de ego, are caută cu disperare să intre în relație cu ceva. Lucrând în direcția Sud, ne dăm seama că, într-un final, ego-ul nu are nicio putere, iar viața noastră este marcată de absența unei legături (cu ceva).

Adevărata putere ne vine dintr-o relație echilibrată cu noi înșine și cu ceea ce ne înconjoară. Eliberându-ne de aceste tipare vechi care ne pun limite, inevitabil se amplifică și puterea trupului, minții și sufletului nostru.

Pentru a renunța la "nu pot" și lumea sa de limitări, șamanii îi cer Pământului Mamă să îi ajute. E bine să ai în preajmă Șarpele, privit ca sursă de energie a Vieții. Atunci când intonez Cântecul Șarpelui, invoc puterea acestui animal, pentru a lucra la limitările lui "nu pot". Merg mai departe de Cântecul Șarpelui și ascult vibrațiile lui "nu pot" — cu toate subtilitățile pe care le creează sinele pentru a-și justifica existența. Atunci când devine evident, ajut la transformarea sa în "eu pot", ceea ce permite schimbarea structurii gândurilor și a tuturor aspectelor din crop și spirit, care creează aceste blocaje.

Se poate observa că, atunci când oamenii încep să se simtă greoi şi obosiţi, când o parte din ei le spune "prefer să nu fac o schimbare, e prea greu", că măiestria spirituală a şamanului este esenţială. E nevoie de multă energie pentru a trece de la un nivel al conştiinţei la altul. De aceea, şamanul aduce energia bogată a Pământului Mamă în cadrul procesului de transformare, pentru a-l ajuta pe celălalt să atingă un nivel superior al conştiinţei. Liber, fără limitări, omul se îndreaptă către lumină.

Acest proces de transformare trebuie ancorat în realitate. În acest punct, ego-ul poate reapărea în situaţia dată, purtând cu sine reminiscenţele vechilor limitări. Poţi începe, astfel, să gândeşti în mod negativ: "Chiar m-am schimbat?", "Oare mă pot schimba?", "Să fie aceasta o iluzie?". Realitatea noastră, de data aceasta, este pur şi simplu una a îndoielii, cu idei precum "nu pot", "mă îndoiesc" sau "am nevoie de mai multe dovezi" etc.

Această dovadă reduce energia din chakra de bază, care, în schimb, poate genera o mulţime de probleme în viaţa noastră. Şi totuşi, fără a şti pe deplin acest lucru, ne-am deplasat către un nivel superior al conştiinţei, chiar dacă îndoiala din spiritul nostru ne poate face să ne simţim prinşi între limite. Cântecul Şarpelui a atins partea cea mai îndărătnică, cea mai "încăpăţânată" a minţii, creierul reptilian, şi a condus la un proces interior prin care energia-putere este împinsă din chakra de bază către plexul solar, o zonă esenţială a eliberării.

Cum acţionează şamanul pentru a transforma îndoiala, astfel încât omul să înţeleagă mai bine ideea de "pot" şi "realizez" în realitatea cotidiană? Ce face el pentru a îndepărta obiceiul minţii, corpului şi emoţiilor, care poartă această limitare?

Şamanul confruntă îndoiala şi lucrează cu ea la nivelul la care se află suferinţa şi îndoiala. Apoi, extrage, simbolic, îndoiala şi suferinţa de la nivelul plexului solar, aducând la suprafaţă această dinamică, nu doar la nivel afectiv, ci şi la nivelul fundamental care creează viziunea generală ori percepţiile asupra vieţii. Persoana în cauză poate înţelege, atunci, "chichiţele" minţii, în mod simbolic, dar minunat de limpede.

În această etapă, *mesa* devine foarte important. În general, şamanul ia o sabie invizibilă din *mesa*, care reprezintă transformarea celui care umblă cu "scheme și artificii" în războinic. El taie cu sabia sursa de alimentare a îndoielii. Apoi, poate lua diverse alte săbii, fiecare reprezentând un aspect mai profund al eliberării. În chip simbolic, șamanul devine "escrocul minții", permițând situației blocate să iasă la suprafață, să devină evidentă. Apoi, evoluează ca războinic, transformând îndoiala persoanei cu care lucrează, pentru ca aceasta să își găsească realitatea existențială, Sinele profund, plin de sănătate și neîmpovărat de vechea programare distructivă.

Respectul, fiind esențial în această lucrare, șamanul poate cânta și un cântec deosebit, special pentru obiectele așezate în *mesa* atunci când le invocă puterea. Atunci, șamanul onorează în mod deosebit acea parte a corpului persoanei cu care lucrează, în timp ce așează un dar pe *mesa*, în direcția Sud. Ofrandele aduse Pământului Mamă pot fi: porumb, tutun sau orice altă plantă considerată sacră în cultura lor, pentru a introduce armonia și echilibrul Pământului Mamă, în această situație nouă. Oricine poate face ce face șamanul, dar, de multe ori, preferă să nu o facă sau nu știe cum.

...

Ar fi interesant să ne aducem aminte de momentul când ne-au ieșit dinții, lucru care se întâmplă, de regulă, pe la vârsta de șase-șapte luni, acesta fiind momentul în care creierul reptilian trezește centrii energetici ai corpului și când apare ego-ul. În următoarele 12 luni, creierul se dezvoltă foarte repede. Începem să ne clădim ideile elementare despre lume, iar centrii energiei (chakrele) se dezvoltă în consecință. Dacă cineva se lovește de limitări în aceste 18 luni, acea persoană va dezvolta o idee elementară ce conține realitatea energetică ce continuă să existe în creierul reptilian și apoi devine o cale naturală de a vedea lucrurile. Această energie afectează fiecare mușchi și fiecare celulă a feței. Se observă mai ales la ochi, urechi, nas și dinți.

În timpul procesului de reconectare și transformare a sinelui, nu ne schimbăm numai la nivel afectiv și spiritual, ci și la nivel fizic. Aceste schimbări devin evidente în structura danturii – dinții devin mai puternici, mai albi – și la nivelul gingiilor, chiar dacă dinții sunt, în general, ultimul aspect al corpului nostru fizic care se schimbă, din cauză că au legătură directă cu creierul reptilian. Dinții constituie structura solidă a tiparelor de energie și mișcare produse de creierul reptilian, motiv pentru care, pretutindeni în lume, atunci când, pe la vârsta de șapte ani, copiii își pierd dinții de lapte, evenimentul îmbracă forma unui ritual. În consecință, descoperirea realității diferă, întrucât această pierdere marchează trecerea spre o altă realitate. Dimensiunea magică a dinților este extrem de importantă pretutindeni. De aceea, șamanul poate avea dinți de jaguar în *mesa* ca simbol suprem al transformării.

Nordul

Nordul este direcţia magnetismului puternic. În această direcţie, suntem interconectaţi la lucruri, fizic şi psihic. Fiecare gând, fiecare acţiune, fiecare sentiment are o manifestare psihică pe care toate creaturile vii o pot intercepta. Bebeluşii şi, în general, copiii sub cinci ani sunt, cu precădere, vulnerabili, deoarece pot înţelege sau simţi aceste manifestări şi pot accepta realitatea. În anumite regiuni din America de Sud, copilul nou-născut este spălat cu o apă specială, menită să îl protejeze de toate manifestările de acest gen, mai ales în anumite faze ale Lunii. Tot în direcţia aceasta putem comunica cu spiritele şi duhurile din preajma plantelor şi copacilor.

Înainte de vârsta de 18 luni, copiii sunt ca nişte bureţi care absorb tot ce îi înconjoară şi ce le afectează centrii energetici ai corpului. Atunci când se închide fontanela, corpul fizic şi cel psihic se individualizează şi se consolidează. Glanda pituitara şi cea pineală transmit mesaje specifice sistemelor de glande din organism. Energia din aceste glande se "trezeşte", mai ales la nivelul glandei tiroide (care este legată de echilibru, comunicare şi sistemul imunitar). Glanda tiroidă protejează copilul de reziduurile psihice (mânie, sentimente inhibate, etc). Această glandă este dependentă de apă (element asociat şi cu direcţia Nord), de râuri şi orice curs de apă natural. Ea ne ajută să ne conectăm la ciclurile solide şi ritmurile naturale ale diverselor faze ale Lunii, flux-reflux, precum şi ritmurile biologice ale organismului (precum somnul şi trezitul) care ne ghidează simţurile, emoţiile şi psihicul.

Atunci când şamanul lucrează în direcţia Nord, el observă stelele şi anotimpurile, şi citeşte semnele naturale de pe cer, care îl ghidează în activitatea sa. Anumite animale precum bufniţa, lupul, broasca, broasca ţestoasă şi delfinul ne pot ajuta să ne conectăm la apă şi lună.

Broasca ţestoasă este adeseori privită ca reprezentând cunoaşterea psihică şi ne ajută Sinele inconştient să iasă din adâncuri. Atunci când lucrezi cu psihicul sau corpul astral, aceste animale pot ajuta la reconectarea cu ciclurile naturii. Prin aceste cicluri, realizăm că totul (energia lunii, energia animalelor, lupul, bufniţa, etc.) este încărcat electric şi ne afectează direct glanda pituitară şi epifiza. Dacă energiile care ne animă sunt în echilibru cu ciclurile naturii, aceste glande produc un anumit lichid care circulă la nivelul tiroidei, zona în care corpul psihic este protejat. Prin contrast, energiile negative reduc şi încetinesc funcţiile glandelor. Cred că aceste energii circulă peste tot, aşa cum orice gând, orice acţiune şi orice sentiment are o manifestare psihică, ce poate fi percepută de toate creaturile vii.

Bebeluşii măresc funcţia glandelor lor pituitare şi pineale în mod firesc, natural, atingând bolta palatină cu vârful limbii. Instinctul îi ajută să gestioneze şi să depăşească situaţiile de frică şi durere, de stres, de disconfort, etc. Noi putem face acest lucru pentru noi înşine intonând un icaro intitulat Cântecul Lunii. Vârful limbii atinge bolta palatină şi creează un sunet aparte, o vibraţie care permite circulaţia substanţei secretate de glanda pituitară către tiroidă. Cântecul este originar din Amazon şi este reprodus mai jos:

Ripi ripi ripi ripi ripi ripi ripi eia iah

Puterea acestui icaro se resimte mai puţin la nivelul sunetelor şi mai mult la nivelul vibraţiei produce în vârful capului, în neocortex. Putem modifica această vibraţie, astfel încât să se adapteze la cea a Lunii: atunci, Spiritul Lunii devine, într-o anumită măsură, o parte din noi, ceea ce ne ajută să ne deschidem psihicul într-un mod imposibil de realizat prin logica intelectuală. Atunci când e lună plină, şi când glandele pituitară şi pineală sunt mai active, inconştientul se ridică la suprafaţă, dezvăluind, astfel, reziduuri psihice ascunse. Este unul din cele mai bune momente pentru a cânta acest icaro.

Ciclurile lunii afectează puternic apa, nu doar prin maree, ci şi prin plante şi propriile noastre corpuri. Lucrând cu puterea direcţiei Nord în natură, şamanul poate turna apă sacră, infuzată cu flori ce din diverse locuri de la munte (munţii sunt consideraţi ca fiind încărcaţi cu un puternic magnetism) sau pietre aşezate în mod ceremonios pe *mesa*, după care el intonează o serie de *icaro-uri* pentru a amplifica puterea acestor pietre. Şamanul poate recurge şi la cristale, care, în America de Sud, pot fi privite ca şi cristale de apă pură, având aceleaşi caracteristici și aceeași funcție ca apa sacră. Aceste cristale sunt puternice cu precădere atunci când sunt așezate sub luna plină.

Șamanul percepe apa ca fiind manifestarea influențelor psihice; în vreme de dezechilibru în plan psihic, șamanul poate merge în anumite locuri mai deosebite, aflate în munți, la mare altitudine, sau la surse termale, îmbăindu-se în ape naturale, aflate acolo, pentru a purifica energia psihică din jurul său și pentru a găsi echilibrul cu ciclurile armonioase ale naturii.

În șamanismul Huachuma, apa termală este privită ca fiind foarte sacră, întrucât e încărcată de ioni pozitivi și vibrații electromagnetice, calități care ajută la plasarea glandelor pituitară și pineală direct sub influența lunii și a soarelui. Templele sud-americane sunt ridicate adeseori în preajma unei surse de apă termală, tocmai din acest motiv.

În Anzi, există o tradiție veche, în care toți membrii satului (bărbați, femei, tineri și vârstnici deopotrivă), într-o zi specială din an, merg în vârful muntelui pe care îl venerează, pentru a aduna puțină gheață sau zăpadă sacră. Apoi, le aduc în sat și desfășoară un ritual special, pentru a purifica mediul psihic al comunității lor. Acest eveniment, de regulă, are loc atunci când e lună plină și este însoțit de cântece. Pentru săteni, ritualul are menirea de a îndepărta reziduurile din trecut (pe măsură ce urcă, fizic și simbolic, către vârful muntelui, cel mai pur loc de pe Pământul Mamă), apoi de a purifica satul cu energia pozitivă din gheață și zăpadă, la întoarcere.

Populația indigenă din America de Sud, aflată mai în echilibru cu schimbările subtile și ciclurile care au loc în jurul lor, precum luna plină, au ceremonii speciale menite să armonizeze influențele psihice asupra comunității. Prin contrast, în Vest, aceste schimbări și cicluri sunt de multe ori considerate momente când oamenii și comportamentele lor pot fi ușor influențați în mod negativ, ceea ce duce la un număr crescând de psihoze, incendii, accidente neobișnuite și alte asemenea evenimente.

Statisticile arată cum afectează luna plină oamenii: mulți se simt rău, sunt mai neliniștiți, chiar paranoici și/sau având un comportament mai obsesiv. În această perioadă, dat fiind că inconștientul iese și mai mult la suprafață, aducând cu sine reziduuri psihice ascunse, dacă nu este recunoscut în mod pozitiv, pot surveni și mai multe conflicte.

...

Șamanul privește energia ca fiind în mișcare constantă. El înțelege că aceasta nu poate fi oprită, ci trebuie să circule în permanență, în cicluri și în acord cu ritmurile naturii. Astfel, boala este considerată expresia unei energii bune și pure, care e blocată. Boala exprimă forța vieții care dorește să soluționeze un blocaj nesănătos. În loc să contracareze boala, să respingă această realitate, șamanul se angajează să facă organismul capabil să o gestioneze. Atunci când boala se instalează în corpul fizic, procesul energetic încetinește, în forma sa elementară, în materie.

Cu toate acestea, boala nu constituie o problemă fizică, ci este și de origine psihică. Șamanul va plasa curaj și putere în situația dată, pentru a intra și mai adânc în procesul energetic care are loc. A oferi un remediu care încetinește și mai mult acest proces sau pentru a-l alunga din dimensiunea materială (care este rezultatul pe care îl au majoritatea medicamentelor prescrise, care îndepărtează simptomele bolii, fără a îndepărta și cauza) e ca și când ai amâna o problemă, pentru a te ocupa de ea mai târziu.

Pentru a trata și rezolva problema la nivel psihic, vindecarea oferită de șaman va accelera și consolida procesul energetic, în general cu ajutorul ritmurilor naturale ale lunii și apei. Dacă nu se rezolvă dezechilibrul psihic și nu se recunoaște existența acestuia, în plan psihic, acesta se va materializa într-o formă fizică, într-un loc până atunci sănătos. Magnetismul puternic al direcției Nord ne ajută să transcedem echilibrul psihic și "haosul" psihologic din noi, care afectează corpul fizic.

Estul

Lucrând cu direcţia Est, învăţăm cum să ne conectăm în mod complet la Pământ şi legile sale. Învăţăm cum să ne hrănim intern, cum să fim împăcaţi cu noi înşine, cum să ne aflăm într-o relaţie profundă, pozitivă, cu Pământul şi creaturile sale, mai ales cu lumea plantelor. Arborii maiestuoşi sunt o manifestare frumoasă a luminii pure către care ne înălţăm.

Estul este un proces creator de transcendenţă, în care contrariile (yin/yang; alb/negru, etc.) se unesc pentru a genera o nouă fază pozitivă. La nivel afectiv şi spiritual, soarele răsare la est, dând naştere luminii în fiecare zi, după ore de întuneric.

Munca şamanului, în direcţia Est, este adeseori desăvârşită de corpul fizic detoxificat cu ajutorul anumitor plante sau ierburi. Vomatul provocat de aceste plante permite curăţirea corpului fizic, afectiv şi spiritual, şi eliberează aceste legături care le leagă de karma lor şi de puterea materială a lumii.

Concret, dacă şamanul lucrează cu cineva care suferă de cancer, el va merge dincolo de arealul material sau manifestarea materială a cancerului şi va observa această boală din perspectivă spirituală. În loc să o perceapă ca pe ceva rău, de care trebuie să-ţi fie frică, el va privi boala ca pe ceva care face parte integrantă din Totalitate, ceva important de recunoscut.

Ar putea intona un *icaro* care invocă Spiritul Vulturului şi, în timp ce lucrează având ajutorul său, el va vedea acele aspecte ale cancerului dificil de sesizat în realitatea "normală", precum şi nevoia cu care trebuie lucrat la nivel afectiv, emoţional.

Vulturul, condorul şi alte păsări de pradă – creaturi asociate cu Estul – sunt prieteni foarte buni pe care (e util) să îi ai în această direcţie. Şamanul face apel la aceste animale, pentru a le cere să zboare aşa cum fac ele, de obicei, dincolo de obstacolele existenţei terestre, pentru a vedea lucrurile dintr-o perspectivă superioară şi radical diferită. Călătorind dincolo de corpul fizic, el poate experimenta boala sau, mai precis, poate comunica cu Spiritul Bolii, pentru a afla lucruri de la acesta.

În Amazon, pentru a facilita tranziţiile aferente schimbărilor conştiinţei, şamanii folosesc o plantă denumită *Ayahuasca*. Cuvântul *Ayahuasca* provine din limba Quechua. *Aya* este vibraţia care afectează ficatul şi plexul solar, ajutându-le să se deschidă. Totodată, înseamnă şi moarte (ca în moarte/renaştere). Sunetul *aya* înseamnă a te elibera sau a te deconecta de la lucruri care încătuşează o persoană, pentru a face loc unei vieţi noi, în care lucrurile pot fi abordate altfel. *Huasca* este calea care ne duce mai departe (este şi cuvântul pentru "viţă").

În Anzi, şamanii mai folosesc o plantă sacră, denumită *Huachuma*, numele dat şamanismului la care ne referim aici. *Huachuma* este alcătuit din două cuvinte: *hu* înseamnă "spirit", iar "*achuma*" este ceea ce se întâmplă atunci când se ia această plantă, adică o "apropiere de creaţie". Primul sunet din *achuma* este tot *aahh*, care deschide plexul solar şi ficatul în acelaşi mod, către Spirit.

Cactusul cu numele de *San Pedro*, folosit în ceremonia cu ghid, ajută şi el la abordarea unor anumite aspecte ale psihicului şi Sinelui. Consumat sub formă de decoct, acesta asigură puterea şi inteligenţa necesară oamenilor pentru a "lucra" la anumite aspecte specifice dinlăuntrul lor. Natura pozitivă şi nutritivă a lumii plantelor şi copacilor este evidentă pentru cei care îşi deschid inima în faţa acestora.

Plantele ajută plexul solar să se conecteze la elemente mai uşoare şi superioare greutăţii toxinelor şi reziduurilor psihice care ne influenţează, în general, viaţa, învăţându-ne cum să ne conectăm în mod armonios şi complet la Pământul Mamă.

Cu Estul se asociază un număr de exerciţii fizice specifice (vezi capitolul "Ipostaze energetice"). Acestea ne ajută să ne debarasăm de boală şi să ne reconectăm la Pământul Mamă. Aceste exerciţii străvechi sunt mişcări ale energiei similare cu exerciţiile de yoga. Ele deschid plexul solar şi, în mod delicat şi subtil, lucrează cu organele din zona inferioară, precum ficatul şi rinichii, pentru a genera vibraţii mai armonioase şi mai sănătoase. În templele din nordul Perului, acestea sunt adeseori înfăţişate în direcţia Est. Ipostazele în speţă pot părea ciudate şi contorsionate, dar, atunci când le exersezi, ele deschid corpul către o energie incredibilă, de care majoritatea dintre noi nici nu suntem conştienţi. Adeseori, după practicarea acestor exerciţii, oamenii erau îngropați timp de câteva ore în pământul argilos din anumite regiuni din Peru, pentru a-și curăța pielea și pentru ca negativismul și toxinele din corpul lor să fie absorbite de Pământul Mamă.

Vestul

Această direcție este, probabil, cea cu care se lucrează cel mai greu, deoarece aceasta este direcția morții și a renașterii. În Vest, putem înțelege că frica și moartea nu sunt obstacole, ci mai degrabă treceri către diverse niveluri de percepție a lumii.

Această direcție este, adeseori, mai bine înțeleasă cu ajutorul jaguarului sau al leului. Leul are o natură simbolică, natură care a fost mereu importantă pentru strămoșii noștri. Asemenea tuturor membrilor familiei de feline, și acesta are o dimensiune misterioasă. În Egiptul antic, leul reprezenta puterea vie a soarelui, al cărui aspect spiritual era cunoscut sub numele de Ra. Era temut din cauza puterii sale fizice, dar și respectat, întrucât simboliza mesagerul morții și a vieții de după moarte. Când urlă, moartea rezonează. Chiar dacă nu suntem legați în mod direct de cultura antică egipteană sau leu, puterea acestui simbol menține aceeași profunzime în subconștientul nostru.

În culturile europene, pisicile dețin o poziție similară, fiind adeseori temute și asociate cu vrăjitoarele, tot pentru puterea lor, pentru imprevizibilitatea lor și cunoașterea supranaturală, asociată cu acestea. Marile feline ale Amazonului ocupă o poziție similară în America de Sud. În timpul ceremoniilor, șamanii se pot transforma în jaguari, care sunt considerați drept cele mai mari dintre pisici și care urlă în junglă, pentru a ține oamenii departe de moarte și ghinion. Licărirea din ochii săi se menține până la ultimele raze de soare primite în inimile animalelor. Această interconexiune cu jaguarul îi conferă șamanului și mai multă putere pentru a înțelege moartea, nenorocirea și frica.

În Anzi, Vestul indică direcția în care șamanul experimentează iluminarea, adică eliberarea de frică și de ideile care îl împiedică să se conecteze la Marele Spirit. În această direcție, moartea era adeseori experimentată atât la nivel concret, cât și simbolic. Renașterea are loc atunci când persoana în cauză resimte unitatea în forul său interior și când această unitate trece dincolo de fricile fizice și spirituale ale separării și morții. Adeseori, șamanii fac exerciții care îi leagă direct de energia soarelui, iar aceasta îi ajută să transceadă moartea sau să fie Una cu Marele Spirit.

...

Ceremoniile de vindecare au loc, de regulă, în spații sacre, unde există o sursă de apă termală. În general, aburii sunt folosiți pentru a încălzi corpul, mai ales sângele, și pentru a permite schimbării să se producă. În alte culturi, oamenii foloseau apa termală sau sacră în locuri de putere, pentru a ajuta corpul să se transforme, prin căldură.

Transformarea apei termale în abur era o cale de a ajuta corpul să își amintească de transformarea care se produce la niveluri diferite și profunde ale sinelui. Lăcașurile unde asudau indienii nord-americani și populația din alte culturi erau foarte importante, nu doar pentru detoxifierea organismului, ci și pentru menținerea legăturii cu Marele Spirit.

De foarte multe ori, în tradiția Huachuma, în timpul unei ceremonii, șamanul toarnă alcool pe *mesa* și aprinde un foc simbolic (și aceasta în jur de ora 3 dimineața). Toate elementele din mesa recepționează energia focului, care conferă și mai multă forță ritualului derulat în cadrul Ceremoniei. Focul arde, simbolic vorbind, negativismul și fricile, transformând, în mod magic, limitările umane. Șamanul poate crea și un obstacol simbolic, de exemplu o gaură în pământ, unde se așează obiectele de ars. Acestea reprezintă teama care îi ține pe oameni în loc, frica resimțită de oricine.

După ce se aprinde focul, șamanul le cere participanților să sară pe deasupra sau să pășească peste acest obstacol. Simbolistica acestui fapt este aceea că persoana respectivă trece dincolo de fricile ce o blochează şi de a căror existenţă nu era conştientă.

În direcţia Vest, este posibil să înţelegem că, în momentul morţii, sufletul omului călătoreşte către un spaţiu din Univers plin de stele şi rămâne acolo până când îi vine vremea să se întoarcă într-o nouă reîncarnare. Atunci când lucrăm în această direcţie, ne confruntăm cu fricile noastre cele mai adânci şi înţelept este din partea noastră să ne amintim că, dacă nu lucrăm cu ele în armonie de data aceasta, ne vom confrunta cu ele din nou, la următoarea noastră reîncarnare.

...

Când eram copil, sufeream de mai multe boli ale sângelui. În timp, am ajuns să înţeleg că problemele mele cu sângele se refereau la elemente karmice asupra cărora nu s-a lucrat. Eu transferasem aceste energii karmice în încarnarea mea din prezent, iar boala era un mesaj urgent menit să mă facă să înţeleg aceste temeri profunde din viaţa mea şi să le transform, pe ele, dar şi pe mine. În timpul iniţierii mele din Amazon, a trebuit să înfrunt această boală. A fost nevoie să înţeleg moartea, în sensul literal al cuvântului, precum şi fricile care creaseră o boală fizică reală în copilăria mea. Când mi-am început propria transformare personală, mi s-a modificat structura chimică a sângelui, permiţând memoriei karmice să se elibereze.

Dacă, în timpul unei boli, temperatura corpului creşte neobişnuit de mult, aceasta înseamnă, de cele mai multe ori, că sângele suferă o transformare: primim un mesaj urgent care ne indică faptul că ceva anume trebuie trata şi schimbat. Sângele şi spiritualitatea sunt asociate în mod simbolic (de pildă, Iisus şi-a preschimbat sângele, în mod simbolic, în vin, la Cina cea de taină, act care continuă şi în zilele noastre în tradiţia creştină a comuniunii - împărtăşaniei).

Sângele este încărcat de simbolistică şi este legat de emoţiile noastre; fluiditatea sa este pozitivă. În timpul iniţierii, memoria karmică se transformă. Unii locuitori din America de Sud (de exemplu incaşii) considerau adeseori sângele ca fiind legătura noastră cea mai adâncă cu strămoşii noştri. Din păcate, sacrificiile de sânge ale generațiilor următoare ale incașilor au pervertit ideea că sângele este sacru.

Ca și Estul, Vestul este asociat (dar în altă manieră) cu soarele. În America de Sud, în timpul ceremoniilor străvechi, întreg orașul Cusco era acoperit de aur, pentru a reprezenta puterea soarelui. Oamenii își desăvârșeau ritualurile speciale pentru a permite energiei soarelui sau Marelui Spirit să pătrundă în oraș. Această Ceremonie avea menirea de a-i ajuta pe toți membrii comunității să își depășească fricile și să capete încredere în propriile persoane.

Într-un final, cu toții ne îndreptăm către Vest, dat fiind că fiecare din noi va trebui, la un moment dat, să își înfrunte moartea fizică. Cu toții știm că, la finele zilei, soarele se topește în noapte. Și totuși, de fiecare dată când soarele apune, se produce o schimbare în conștiință, o reflecție interioară. Este vremea să ne facem ordine în lucruri, să ne relaxăm corpul, pentru a pătrunde în starea de somn, și să devenim una cu Spiritul Nopții. Este momentul când putea avea vise ciudate și putem vedea o lume cu totul diferită, alta decât cea pe care o știm în timpul cât suntem treji.

În esență, moartea e ca și somnul, dar ne e frică de ea, pentru că e ceva necunoscut. Atunci când lucrăm în direcția Vest, înțelegem că soarele nu a fost nicicând cu adevărat atins sau transformat de întuneric. Noi îl vedem apunând și răsărind din nou, după întunericul nopții, dând lumină unei noi zile, unui nou început, ca pasărea phoenix renăscută din cenușă. În realitate, însă, soarele și lumina sa sunt mereu acolo, Doar că nu o vedem noi. A ajunge la o asemenea înțelegere în munca cu moartea e o adevărată realizare.

Animalele totem și elementele naturii

În șamanismul Huachuma, ca în orice tradiție șamanică, toate elementele naturii – animale, plante, stânci, munți, etc. – joacă un rol central în bunăstarea comunității. Cred că fiecare aspect viu al naturii are spirit și, ca atare, trebuie respectat ca un prieten spiritual.

Animalele sunt mai mult decât niște simple creaturi terestre, cărora li se atribuie uneori condiția de "animal de companie". În sens fizic, ei sunt o "verigă" vitală care ajută omenirea să înțeleagă secretele Naturii și să revină la locul lor esențial de plenitudine în și cu Universul.

De asemenea, dat fiind că etapele variate ale evoluției umanității includ evoluția lumii naturale, eu cred că toate aspectele privind natura sunt cu certitudine înregistrate în ADN-ul nostru. De aceea putem vedea animalele în natură, putem auzi mesajele pe care ni le transmit și putem înțelege multe lucruri despre ele, inclusiv beneficiile fizice ale multor ierburi medicinale, alimente tămăduitoare și exerciții terapeutice.

Unele animale au o semnificație aparte, deosebită, iar acestea sunt animalele totem. Rolul lor este acela de a ne ajuta în diverse situații care, în societățile tradiționale, pot face diferența dintre viață și moarte sau care, în lumea modernă, ne pot ajuta să accesăm zone mai instinctive ale ființei noastre, care s-au pierdut.

Fiecare regiune din lume are animalele sale totem. Aborigenii australieni ar putea folosi Spiritul Cangurului pentru a-i ghida în incursiunea lor prin Tărâmul Viselor. Polinezii s-ar putea ghida după spiritul Balenei, în deplasările lor lungi de pe mare. Indienii nord-americani pot avea drept totem un Vultur, atunci când desfășoară Ceremoniile Pipei. Învățații observă puterea și comportamentul tuturor acestor animale, pentru a înțelege mai bine locul lor armonios ca și copii ai Naturii și, implicit, impactul lor asupra lumii, pe măsură ce pășesc delicat pe calea lor spirituală.

De exemplu, Vulturul din Ceremonia Pipei poate ajuta o persoană şi întreaga comunitate să înfrunte o situaţie din altă perspectivă decât cea a ego-ului. Acesta se poate înălţa foarte sus pe cer (cerul reprezentând Sinele Superior) şi poate "evada" din conflicte şi dinamica personală, mergând dincolo de lumesc şi situaţii limitate, care pot cauza dezarmonie în acea persoană ori comunitate. Are o perspectivă cu totul diferită asupra lucrurilor (ex. poate vedea "întreg tabloul", fără ca imaginea să îi fie obstrucţionată de detalii minore).

...

Animalele totem, ca şi prieteni şi gardieni spirituali, pot purta mesaje individuale foarte importante pentru noi. Ei pot scoate în evidenţă acele locuri de dezechilibru din viaţa noastră. Cum majoritatea celor din lumea occidentală sunt familiari cu animalele domestice, să le folosim drept exemplu.

De pildă, se poate întâmpla ca pisica să lingă o parte din corpul nostru sau ca un câine să rămână neobişnuit de aproape de noi, mai mult timp. Fie că o ştiu sau nu, animalele fac ceva tipic pentru un şaman: ne ajută să eradicăm energiile negative din corpul nostru. Am fi, poate, surprinşi să aflăm, ulterior, că exact în acel loc unde ne-a lins pisica avem artrită sau că zona corpului nostru lângă care a stat câinele s-a vindecat.

Aceste animale au sesizat dezechilibrul înainte de manifestarea sa concretă. Ca prieteni spirituali, ei au preluat energiile negative din corpul nostru, astfel încât să putem reveni rapid la starea de echilibru. Dacă reuşim să înţelegem ceea ce ne spun animalele totem, atunci ne putem ajuta singuri înainte să survină vreun dezechilibru.

În loc să fim, pur şi simplu, conştienţi de mediul artificial în care trăim, în lumea modernă, poate că ar fi mai important să devenim conştienţi de animalele noastre totem şi de toate elementele naturii, care vin înspre noi, fie fizic, fie în vise, pentru a rămâne în contact cu şi a trăi în armonie cu Pământul Mamă.

În Amazon, stilul de viață al comunităților *Ayahuascero* în care am trăit era în mod intrinsec legat de pădure și toate animalele ei. Cum *Ayahuasceros* consideră jaguarul drept animal totem, aceasta înseamnă că spiritul Jaguarului ajută comunitatea la nivel fizic și spiritual.

În timpul ritualului șamanic din *mesa* (vezi capitolul "Cele patru direcții și *Mesa*"), șamanul cântă un *icaro*, care este cântecul său "de putere", și invocă Spiritul Jaguarului, cerându-i să fie prezent pe durata ceremoniei. El îi vorbește Jaguarului cum i-ar vorbi unui prieten. Grație acestei comunicări, el recunoaște natura animalului și devine una cu acesta. De fapt, în multe limbi amazoniene, cuvintele "șaman" și "jaguar" sunt interșanjabile.

Mulțumită forței și puterii jaguarului, al cărui spirit nu este separat de al său, șamanul se poate deplasa liber pe pământ și prin apă. Ochii pătrunzători ai acestui animal îl ajută să vadă pe întuneric, să se urce în copaci, să observe energia pământului, apa și cerul, și să intre mai ușor în legătură cu natura. Uneori, membrii comunității iau parte la acest ritual și văd cum șamanul pleacă într-o lungă călătorie prin pădure. Ei îl văd ca pe un jaguar. În momentul în care ceremonia se intensifică, ei încep să îi pună întrebări care îi pot ajuta pe membrii comunității să vadă lumea în cu totul alt mod, dobândind perceperea, forța și capacitățile mentale ale animalului.

Având Jaguarul drept animal totem, așadar ghid și prieten, membrii comunității pot, astfel, afla, între altele, metode mai bune de a strânge de-ale gurii, de a prinde pește sau de a găsi locuri speciale de unde să poată aduna lucruri importante (aur, plante medicinale, semințe, remedii etc). Dat fiind că noi nu locuim în jungla sau pădurea tropicală sud-americană, sigur că nu ne putem aștepta să avem o asemenea legătură cu jaguarul, ca șamanii *Ayahuasceros*. Cu toate acestea, ne apar adeseori în vise spiritele și/sau energiile animalelor, plantelor, munților, râurilor sau ale altor lucruri.

De pildă, un copil poate să viseze un tigru, ceea ce înseamnă că visează despre o parte a Sinelui (posibil acea parte din el care se teme să crească singur, departe de părinți și de confortul știut) care trebuie onorată. Adeseori, copilul ajunge să se teamă, în vis, de această parte din el şi fuge din calea tigrului pe care îl întâlneşte în vis, în loc să îl îmbrăţişeze, îmbrăţişând totodată   bucuria de a creşte. Când se trezeşte, e tot asudat şi înfierbântat, şi le povesteşte cu patimă părinţilor ce a visat, la care caută alinare. Părinţii săi sunt educaţi, în general, să creadă că tigrul nu există iar copilul, pe deplin încrezător în părerea părinţilor săi, nu îşi dă seama că tigrul reprezintă propriile sale temeri pe care încearcă să le înfrunte şi îi crede pe ei când îi spun că a avut doar un "coşmar"... chiar dacă el tot se mai uită sub pat, să vadă dacă nu e vreun tigru ascuns acolo!

Mintea copilului, care nu a îmbrăţişat tigrul, s-a programat acum să se separe de această parte a Sinelui său cel mai profund, iar această dimensiune devine o dimensiune a personalităţii sale. Tigrul de sub pat se pierde sub imperiul civilizaţiei şi, până să ajungă copilul la maturitate, sentimentul de separare şi izolare s-a decantat. Şamanul e prietenos tocmai cu acel aspect de care copilul încearcă să fugă. Şamanul nu experimentează separarea, ci Totalitatea.

Mergând mai departe, copilul, care a visat că e urmărit de un tigru şi care acum e adult, poate continua să se confrunte cu imagini sau obiecte ce reprezintă tigri sau vreun alt membru din familia felinelor; fiecare confruntare este o ocazie de a-şi învinge fricile din copilărie. E posibil ca el să devină arheolog şi să fie fascinat de pisicile care păzesc piramidele (locuri de iniţiere şi transformare) din Egiptul antic, sau să se facă veterinar, fotograf al animalelor şi plantelor din sălbăticie ori paznic la zoo, sau, pur şi simplu, poate să facă un hobby din a colecţiona pisici (cărţi, timbre, bibelouri, etc).

Dacă s-ar întâmpla aşa ceva într-o cultură şamanică, probabil că şamanul ar recomanda o ceremonie, pentru ca adultul să recunoască şi să devină conştient de forţa motrice din spatele acţiunilor sale. Pe durata ceremoniei, persoana în cauză este invitată să antameze o legătură mai profundă cu tigrul. Astfel, el va avea ocazia să se elibereze de numeroasele situaţii în care, de-a lungul anilor, a fost separat de visul cu tigrul, pe care l-a avut pe când era copil. El ar putea înţelege că în visul său a avut de ales între încredere (iubire) şi frică. A alege frica din nou, acum, ar însemna să continue să fugă, ceea ce nu îl ca duce nicăieri, într-un final. Pe de altă parte, însă, dacă recunoaşte tigrul ca fiindu-i un prieten de nepreţuit, nu animal totem, şi dacă alege să aibă încredere şi să iubească, să-l îmbrăţişeze şi să fie una cu tigrul, atunci va învăţa cu curaj şi putere cum să aibă încredere că Viaţa ne hrăneşte mereu şi ne aparţine tuturor. În fiecare situaţie ce evocă frica, tigrul îl poate inspira şi îi poate insufla încredere.

Acţiunea şamanului în pădurea tropicală amazoniană, în contextul unor asemenea probleme, este un proces al transformării înspre Unitate şi Totalitate, despre care cred că s-a pierdut de mult în Occident. Procesul de transformare al şamanului este ghidat de armonia frumoasă a Naturii – de animalele şi plantele sale, de munţii săi şi stâncile sale, întrucât Natura ne poate ajuta să înţelegem că lumea noastră interioară nu poate fi ţinută veşnic în întunericul separării. De fapt, Natura ne oferă multe dintre soluţiile pe care le căutăm, dacă reuşim să le percepem ca atare. Viaţa provine dincolo de orice dintr-o relaţie profundă cu Natura, Pământul Mamă şi Cosmosul.

Animalele totem, precum şi alte elemente ale naturii sunt acolo, ca prieteni spirituali, ca să ne ajute să strângem bucăţile împărţite, separate din noi înşine. În mod similar, o asemenea muncă spirituală îi poate ajuta şi pe alţii să îşi refacă legătura pierdută cu Universul. Chiar dacă nu trăim în pădurea amazoniană, noi avem nevoie de şi mai multe elemente ale naturii şi animale totem, care să ne ajute să străbatem "jungla urbană" în care trăim. Corpul nostru, Fiinţa noastră interioară, are nevoie să fie conectat şi să fie în echilibru cu ritmurile instinctive ale Vieţii.

Puterea Naturii poate fi, astfel, invocată printr-o relaţie directă cu toate aspectele legate de aceasta. A privi o pasăre pe cer ne ajută corpul, mintea şi spiritul să zboare. În vise, putem zbura, deoarece celulele noastre şi-au amintit de acest spaţiu al libertăţii. Este important să înţelegem că, în această experienţă a zborului, noi nu doar creăm o legătură mintală cu pasărea sau oricare alt element al naturii, ci ne reconectăm la simţul înnăscut al libertăţii şi rolul nostru în Univers.

În realitate, toate aspectele legate de natură acţionează în echilibru cu un cosmos armonios; dacă nu ar fi aşa, totul s-ar nărui. Atunci când o parte din noi este perturbată de frică şi dezechilibru, Natura poate să ne aducă aminte de legile sale într-un mod pozitiv sau negativ. Putem, de pildă, să visăm un soare arzător și un cer atât de lipsit de nori, încât lumea noastră devine un deșert pustiu – deșertul fiind simbolul conexiunii lipsă cu lumea exterioară – sau putem să acceptăm pe deplin lumina soarelui în corpul nostru, în mintea noastră și emoțiile noastre, astfel încât Spiritul nostru să poată străluci asemenea Soarelui.

Având această obsesie de a controla Natura, civilizația pur și simplu a uitat adevărul simplu că, fiind una cu animalele, plantele și munții, nu facem decât să îmbrățișăm o parte din noi înșine, de fapt.

Visele

Suntem binecuvântați să avem vise în fiecare noapte, chiar dacă nu ni le amintim. Visele sunt mesaje frumoase pe calea către cunoaștere. Să lăsăm cărțile deoparte, să ne invităm ego-ul (în demersul său disperat de a "intelectualiza" fiece experiență trăită) să se liniștească și să înțelegem modul în care lucrează șamanii cu visele.

În societățile occidentale, ego-ul ne-a separat de lumea viselor și, astfel, ne-a îndepărtat de o parte importantă a propriei noastre realități. Nu este, însă, la fel pretutindeni. În comunitățile sud-americane care au păstrat stilul tradițional de viață, visele fac parte din existența cotidiană. Atunci când copiii încep să vorbească, ei lucrează deja cu visele lor, iar aceasta devine un stil de viață.

Oamenii stau în cerc și onorează, relatând fiecare aventurile din timpul nopții. Indiferent care ar fi mesajul transmis, acesta indică ceea ce fiecare ar trebui să facă în timpul zilei. Dacă visul ne spune să ne părăsim munca, atunci așa să facem! Dar, dacă occidentalii ar acționa în acest mod, cei din jurul lor i-ar crede nebuni că au luat "de bun" un simplu vis. Și totuși, trebuie să trăim cu înțelepciune visele noastre.

A ne limita fără rost acțiunile la un set de parametri închiși împiedică lumea creatoare și magică dinăuntru să ne atingă viețile. Poate că lăsând munca acolo unde ne simțim înăbușiți și plictisiți avem șansa să descoperim un talent latent sau un potențial ascuns, de care nu am ținut cont până atunci. Dacă visul ne spune să zburăm, atunci să zburăm!

Atunci când înțelegem legile naturale ale unui vis sacru, putem zbura. Potențialul nostru este nelimitat. Întrebarea "poți să zbori ca un vultur?", adresată de antropologi șamanului este deplasată pentru el, deoarece în realitatea neobișnuită firește că poate zbura! Cu toții ne aducem aminte de când eram copii și voiam să sărim de pe fereastră sau de pe balcon și să zburăm. Și totuși, atunci când am încercat să zburăm, ne-am rănit, dar am continuat să credem în visele noastre, pentru că aveam mai multă încredere în ele decât în noi înșine.

În lumea lăuntrică, există un sentiment de unitate și magie care ne spune că totul este posibil. Conștienți încă și foarte axați pe forța lor de viață, copiii știu acest lucru mai bine decât adulții. Ei continuă să creadă în magia lumii în care trăiesc și în forța creatoare care îi mână în acțiunile lor.

Să ne luăm visele în serios. Dacă visăm că zburăm, să creăm un ritual prin care onorăm zborul, să ne îmbrăcăm, de pildă, în condor, să mergem la munte și, în chip simbolic, să ne facem că zburăm. Dacă credem că este imposibil, nu vom sări, de teama de a cădea. Pentru a ne înțelege visele, e nevoie să lăsăm la o parte ego-ul și condiționarea și să ne apropiem de realitatea visului nostru. Cei care au curajul să sară și să zboare chiar fac aceasta, dar într-o altă dimensiune decât cea fizică.

...

Visele ne pot aminti de calea noastră către plenitudine în lumea aceasta. Toate elementele unui vis sunt părți din noi. De fiecare dată când visăm un animal sau o parte din Natură, suntem aproape, spiritual vorbind, de esența ființei noastre. Să ascultăm puterea Naturii și să îi înțelegem mesajele din visele noastre.

Cele patru elemente care reprezintă cele patru direcții ale mesa sau roata medicinii – pământ (Est), foc (Vest), apă (Nord), aer (Sud) – sunt aspecte importante din lumea viselor. Ele ne dau indicii cu care să lucrăm și spun "să lucrăm" și nu doar "să interpretăm". Dacă, de exemplu, cineva are un vis despre frica de a schimba ceva în viața sa, care lucrează cu elementele "aer" și "vânt", în direcția Sud, atunci acea persoană poate învăța să se elibereze de emoții, întrucât aerul este elementul schimbării. Țineți minte, direcția Sud are șarpele drept animal simbolic, care ajută forța vieții (*kundalini*) să se înalțe.

Visul ne poate spune și să consumăm un anumit aliment, care să ajute corpul la nivel fizic, aceasta deoarece este foarte important să lucrăm cu corpul nostru. De asemenea, dacă, de pildă, suntem nervoși, supărați, corpul nostru transmite această energie. Să știți că această stare este una temporară, dat fiind că organismul și celulele din organism se modifică constant, în funcţie de nivelul nostru de conştiinţă. Nu uitaţi că, atunci când survine o modificare la nivel afectiv şi spiritual, corpul fizic trebuie şi chiar va ţine cont de aceasta, urmându-o.

Visele, chiar şi cele "rele", întotdeauna ne spun ceva bun. Ele ne arată că lucrăm cu ceva foarte apropiat nouă. De pildă: o femeie mi-a relatat un vis foarte scurt pe care l-a avut. În vis, se făcea că ea zăcea pe jos, când un scorpion a înţepat-o în zona buricului. Ea mi-a spus că, în mod bizar, această muşcătură nu i-a dat nicio emoţie sau durere fizică. Pentru şaman, scorpionul reprezintă direcţia Est, cea care guvernează relaţia dintre corp şi pământ, iar, în vis, acesta era un mesager al pământului. Otrava scorpionului este un medicament puternic, iar acea femeie avea nevoie de un medicament puternic, care să îi purifice corpul, mai ales zonele energetice blocate de la nivelul plexului solar, stomacului şi inimii. Alt exemplu: dacă în vis vă apare un tigru care vă urmăreşte, şamanul va considera că tigrul are un mesaj pentru dumneavoastră, care trebuie înţeles de urgenţă. Să nu fugim din calea lui! Să fim curajoşi! Să ne împrietenim cu tigrul şi să vorbim cu el. Să pătrundem visul şi să îi prindem limbajul unic.

Cu cât lucrăm mai mult cu visele noastre, cu atât le înţelegem mai bine complexitatea, cu atât ne informează mai mult la diferite niveluri ale conştiinţei de magia lor şi cu atât ne ajută mai mult să devenim conştienţi de cunoaşterea şi înţelepciunea care rezidă în noi toţi.

...

Putem folosi mai multe instrumente menite să ne ajute să ne amintim visele şi, ulterior, să lucrăm cu ele. De exemplu:

1. Luaţi un creion şi un carneţel, ca să puteţi nota ce aţi visat imediat ce v-aţi trezit. A-ţi aminti visele înseamnă a le respecta şi a le conferi o dimensiune fizică. Adeseori, oamenii amână să facă acest lucru, dar, ulterior, uită şi nu găsesc timp să le noteze. A-ţi găsi timp să scrii câteva cuvinte despre visul avut îţi va aminti, iniţial, de energia sa. Apoi, acesta va reveni la noi sub formă de imagini, sentimente şi senzaţii.

2. Folosiți-vă de un casetofon, pentru a înregistra, verbal, visul.

3. Desenați sau pictați ce ați visat.

4. Dansați sau creați mișcări fluide care să corespundă energiei visului.

5. Beți un pahar cu apă, ca să vă ajute să vă amintiți ce ați visat: jumătate de pahar înainte de culcare, iar restul, după ce vă treziți.

Acest lucru ancorează visul în corp, care, uneori, nu își amintește detalii, mai ales când este foarte obosit sau ocupat ori își revine după ziua precedentă.

6. Evitați să vă uitați la televizor înainte de culcare. După o zi de muncă, ajungem obosiți acasă, pornim televizorul, iar aceasta perturbă ritmul creierului. Perturbă funcționarea glandei pituitare (care ajută la dezvoltarea simțului magiei în noi) și oprește cursul firesc al viselor.

7. Aveți grijă de dumneavoastră înainte de a merge la culcare. Faceți un ritual din trecerea de șa activitățile cotidiene la somn, într-un mod relaxat, fără stres.

8. Evitați să vă angrenați într-o discuție profundă legată de o anumită problemă și alungați neliniștile și preocupările înainte de culcare. Mintea trebuie să fie relaxată.

9. Relaxați-vă, pregătiți-vă de somn citind o carte spirituală, cuvinte motivante sau texte sacre.

10. Asigurați-vă că dormitorul dumneavoastră este un loc de refugiu liniștit, curat, potrivit pentru somn, și nu o prelungire a activităților încărcate de peste zi, a lucrului neterminat și/sau a vieții, în general. E plăcut să aveți clădit un mic altar cu câteva obiecte simple și drăguțe lângă pat. Așezați obiecte, poze sau orice alte articole cu încărcătură pozitivă, pe care ați dori să le invitați să vi se alăture în vis.

Tipurile de fizionomie

Şamanismul Huachuma, în timpurile străvechi, clasifica oamenii în trei tipuri fizice, de bază, fiecare cu stilul său caracteristic legat de alimentație. Teoretic, fiecare din noi aparține unui anumit tip, dar, uneori, un tip de bază se poate combina cu altul. Firește, aceste trei diviziuni nu sunt stricte, ci doar dau un indiciu asupra modului în care ne-am putea rafina dieta, în funcție de tipul de corp avut.

Oamenii cu capul rotund

Aceste persoane sunt foarte uşor de recunoscut, având pomeții înalți şi fața rotundă. În general, aceste persoane au un stomac rezistent şi bine dezvoltat, pentru că acolo este localizată energia lor de viață. Sunt relativ mici de statură, de regulă, şi tind să se îngraşe uşor dacă mâncarea pe care o consumă nu corespunde anatomiei lor. Acest tip de fizionomie este larg întâlnit în lume. Se regăseşte în Asia de Sud-Est şi Cercul Arctic Siberia, America de Nord şi de Sud. Elementul de bază al persoanelor cu capul rotund este focul.

În copilărie, aceşti oameni, fiind rezistenți fizic, probabil că aleargă, pentru a explora lumea ce îi înconjoară. Uneori, se implică în activități paşnice precum muzica şi arta. Plini de energie, ei sunt înclinați să se grăbească, să zorească lucrurile, resimțind această nevoie de a se exprima, de a se exterioriza. Cu toate acestea, se simt frustrați, cu uşurință, dacă expresia propriei lor persoane este limitată în vreun fel.

Este foarte important, pentru evoluția lor, să se simtă ocrotiți şi în siguranță. Dacă au trăit într-un mediu instabil, pe când erau copii, dacă nu au primit ce aveau nevoie când aveau nevoie, tind să aducă negativismul afectiv în viața lor de adulți. Sunt uşor iritabili atunci când sunt tensionați, ceea ce li se întâmplă frecvent. Dacă nu sunt în armonie cu ei înşişi, chakra lor de bază, în general puternică, trimite energia către ficat, în loc să o direcționeze către chakrele de-a lungul șirei spinării. Afecțiunile hepatice de care suferă frecvent aceste persoane se leagă de furie și, uneori, de emoții negative (adeseori dezarmante pentru ceilalți) care îi pot anima.

Oamenii cu o asemenea fizionomie au punctele lor forte și slăbiciunile lor. Celor cu fața rotundă le place, în general, să consume alimente dulci. Și totuși, dacă zahărul rafinat care se găsește, de pildă, în ciocolată și prăjituri, le asigură energia de care au nevoie, aceasta nu durează prea mult, ci nu face decât să perturbe sistemul sanguin și ficatul, ceea ce aduce mai mult dezechilibru în viața lor. De asemenea, ei trebuie să consume proteine cu moderație. Carnea, ouăle și anumite nuci le cauzează dezarmonie. Consumate moderat, aceste alimente pot ajuta organismul să se vindece, dar, absorbite în exces, se transformă rapid în energie și creează dezechilibru și stres în chakra de bază.

ersoanele din această tipologie fizionomică au nevoie de mâncare care să le favorizeze starea de bine, asigurându-i organismului multă energie, timp îndelungat. Oamenii din această categorie își pot echilibra ficatul consumând diferite semințe și cereale, pâine, etc, foarte bogate în minerale. Cu ajutorul acestor alimente, ei își detoxifică cu ușurință ficatul, având o viață echilibrată. Alimentele roșii și portocalii precum roșiile, ardeii, fructele de pădure și dovleceii conțin anti-oxidanți (vitamina C, etc.), care susțin foarte mult funcția hepatică.

Ele sunt foarte bune pentru oamenii cu fața rotundă, care, la stilul lor de viață agitat și tumultos, au tendința de a-și slăbi sistemul sanguin care înglobează energia (oxigen nutrienți) la nivelul organismului.
Persoanele cu fața rotundă preferă alimentele care au o legătură puternică cu soarele. Aceste alimente conțin forța de viață a soarelui.

Semințele de floarea-soarelui și fructele intră în această categorie. Într-adevăr, aceste persoane au tendința de a fi deprimate sau de a se lăsa consumate de lucruri pe care tind să le vadă în culori sumbre. De aceea este necesară "hrana soarelui", pentru că aceasta permite luminii să pătrundă adânc în celulele lor. Cerealele și alte plante care caută, în mod natural, lumina aduc exact această inteligență în corpul fizic al acestor oameni și îi ajută să transceadă negativismul.

Oamenii cu faţa rotundă sunt înclinaţi să lucreze pe plan spiritual cu ei înşişi, dar corpul lor poate fi lipsit de minerale, mai ales de calciu, atunci când se confruntă cu amintiri negative sau blocaje care le împiedică Sinele profund să se exprime pe deplin. Astfel, calciul este deosebit de important pentru ei atunci când au nevoie să lucreze cu trecutul. Calciul se găseşte cu precădere în seminţele de susan, tofu, produsele lactate, etc.

Oamenii cu capul prelung şi faţa ovală

Oamenii care se înscriu în această tipologie fizică pot fi recunoscuţi după forţa capului, care e mai degrabă prelungă. Ei au obrajii rotunzi, dar faţa e mai degrabă ovală. Aceşti oameni se întâlnesc frecvent în Orientul Mijlociu, în Europa de Est, în anumite regiuni din America de Nord şi Asia. Elementul lor de bază este apa.

Aceste persoane au, în general, o chakră foarte puternică la nivelul plexului solar şi, în mod similar celor cu faţa rotundă, sunt plini de energie, dar, în loc să îşi folosească energia pentru a-şi exprima Sinele intrinsec, ei se îndreaptă către lumea exterioară. Foarte preocupaţi de lumea care îi înconjoară, ei au, în general, o problemă cu renunţarea la anumite lucruri. Ei uită să îşi asculte inima şi partea cea mai profundă din ei înşişi.

Din caza nevoii lor de a înţelege şi de a se conecta la lumea exterioară, sunt uşor neatenţi şi uită de energia puternică ce îi mişcă înlăuntrul lor. Ajung să se simtă frustraţi foarte uşor. Frustrarea lor nu se exprimă, în mod normal, prin mânie, ci prin slăbirea energiei lor de viaţă. Ei tind să aibă un sistem imunitar slăbit şi sunt predispuşi la îmbolnăvire. Problema lor privind detaşarea se manifestă în viaţa lor afectivă, dar şi în cea fizică, deoarece îşi revin greu după orice boală ar avea.

De îndată ce nu mai au grijă de ei, din cauza sutelor de lucruri pe care trebuie să le facă ori înţeleagă, rinichii lor sunt slăbiţi şi lucrează mai mult decât e nevoie. Cu cât au parte de mai mult stres şi de mai multe surse de distragere a atenţiei, cu atât mai cronică devine problema. Dacă rinichii sunt slăbiți mai mult timp, corpul lor își va trage energia de care are nevoie de la glanda tiroidă. Mulți dintre cei care se înscriu în această tipologie tind să aibă probleme cu glanda tiroidă, să fie supraponderale și să aibă fluctuații dese ale dispoziției, toate acestea din cauza celui mai adânc aspect al energiei lor de viață, care nu se poate conecta la mediul extern într-un mod deplin și complet.

Apa, ca și element de reglaj al celor cu fața prelungă, trebuie echilibrată în corpul acestor oameni, doar că ei tind să uite să o consume și mănâncă foarte repede, pentru a continua să înțeleagă energia care este separată de ei. În corpul lor se secretă acid uric care, în combinație cu rinichii slăbiți, pur și simplu nu se poate elimina întotdeauna în totalitate. În consecință, ei își direcționează, în general, energia către sexualitate. Instinctele lor sexuale sunt puternic dezvoltate, dar, adeseori, tind să se exprime într-un mod în care inima nu este prezentă: corpurile acestor oameni secretă acid uric și generează un exces de energie în sexualitatea lor, care constituie, de multe ori, o sursă de probleme pentru ei.

Dotați, de cele mai multe ori, în domenii care țin de comunicare și terapii, acești oameni nu sunt, însă, în stare să comunice cu aspectele cele mai profunde ale propriei ființe. Atunci când suferă de o boală, ei au dificultăți în a se ajuta. Faptul că au o glandă tiroidă slabă înseamnă că au nevoie de mai mult echilibru la nivelul gâtului, mai ales în ceea ce privește modul de exprimare legat de capacitatea de a *comunica*, și nu (doar) de a *vorbi*.

Oamenii de acest tip fizic trebuie neapărat să evite ceaiul, cafeaua, alcoolul, zahărul, făina albă, mâncarea uleioasă (excepție făcând uleiul de măsline), brânzeturile grase, integrale, și carnea. Toate acestea tind să creeze o reacție acidă în organism care slăbește sistemul imunitar și rinichii și irită tiroida. Expresia acestei iritări se găsește în emoțiile lor și, adeseori, în spiritualitatea lor.

Rinichii și tiroida pot fi întărite cu ajutorul unor alimente specifice, între care anumite tipuri de cereale și legume proaspete. Spre deosebire de cei cu fața rotundă, pentru aceștia (cu fața prelungă), cele mai bune cereale sunt cele care produc o reacție alcalină în organism. În Anzi, populația străveche (sau "capetele lungi") foloseau adeseori quinoa. În Orientul Mijlociu şi în anumite regiuni mediteraneene, bătrânii foloseau mei. Quinoa, meiul şi legumele verzi ajută la eliminarea acidului uric prin intermediul rinichilor. Legumele verzi nu doar curăţă organismul, ci şi modifică aciditatea, echilibrând-o, lucru pe care rinichii nu îl pot face singuri.

Alimentele de culoare verde şi albastru sunt cele mai potrivite pentru persoanele cu faţa prelungă, întrucât le curăţă organismul şi le întăreşte tiroida, lucru extrem de util pentru ei, pentru că îi ajută, astfel, să se ancoreze în realitatea lor spirituală. Printre aceste alimente se numără mazărea, diferite tipuri de fasole, legumele cu frunze, anumite tipuri de cartof şi rădăcinoase, dovleacul, algele verzi-albastre, afinele, etc.

Din cauza conexiunii cu elementul apă, aceste persoane pot fi foarte introvertite şi pot vedea lumea mai mult prin semne subtile decât printr-o logică externă. Sunt oameni care au o legătură cu Luna şi lumea viselor, dar, dacă nu sunt ancorate în lumea spirituală, nu îşi pot exprima pe deplin potenţialul (în mod creator) în existenţa lor.

Oamenii cu capul pătrat şi fruntea lată

Oamenii cu capul pătrat şi fruntea lată (care contrastează, de regulă, cu forma feţei) sunt uşor de recunoscut şi se găsesc frecvent în Europa Centrală şi în diverse zone din Asia şi Pacific. Elementul lor de bază este aerul.

Aceşti oameni tind să îşi consume repede energia (şi au destulă) şi să petreacă mare parte din timpul lor simţind lumea din jurul lor, mai mult decât exprimându-se la nivel fizic sau intelectual. Cei din categoria aceasta caută armonia. Când erau copii, probabil că părinţii le apreciau foarte mult prezenţa.

Aceşti oameni tind să lucreze în domenii orientate către oameni: avocaţi, directori de resurse umane, etc. şi sunt, adeseori, persoane foarte creative. Foarte diplomaţi, le place să creeze un stil de viaţa echilibrat pentru ei înşişi şi pentru cei din jurul lor. Toate dizarmoniile tind să îi sleiască de puteri, nu doar afectiv, ci şi fizic. Aceştia suferă de alergii, răceli, gripe, care le afectează direct sistemul respirator, mai ales plămânii şi gâtul. De asemenea, tind să aibă probleme cu inima, mai ales atunci când conflictele emoţionale sunt interiorizate sau când pierd simţul scopului sau semnificaţiei în viaţă.

Persoanele din această tipologie fizică trebuie să consume produse lactate cu moderaţie, întrucât aceste alimente îngroaşă mucoasa şi agravează răceala şi/sau simptomele gripei. Dieta lor trebuie să conţină numeroase alimente concentrate precum seminţe, nuci, uleiuri, proteine şi fasole care favorizează acumularea energiei în organism şi, astfel, evitând "sustragerea" energiei de la inimă. Ideal ar fi ca alimentele consumate să fie de culoare galbenă şi aurie.

...

Aceste trei grupuri ne dau o idee generală despre caracteristicile asociate diferitelor tipologii fizice şi e interesant să ne observăm pe noi, pe parterul/partenera şi prietenii pe care îi avem, pentru a vedea în ce măsură anumite alimente sunt sau nu apreciate. Putem observa că persoane din altă tipologie morfologică decât a noastră au nevoie de lucruri complet diferite de la noi. Să nu uităm că majoritatea oamenilor se înscriu doar într-un singur tip fizic, dar există, uneori, şi combinaţii ale celor trei.

Alimentația

În șamanismul Huachuma, alimentația și actul de a mânca sunt fundamentale pentru starea interioară de bine și sănătatea fizică. Mâncarea nu este doar o substanță materială care hrănește corpul, ci și o substanță care conține energie spirituală și emoțională. Energia sa este o sursă importantă de viață, care ne ajută să clădim o bază sănătoasă pentru templul nostru (corpul nostru fizic), permițând activității și transformării interioare să se deruleze în pace și armonie. De aceea un element central al acestei practici șamanice este consumul de alimente proaspete și pline de energie.

În șamanismul Huachuma, modul în care mâncăm și ceea ce mâncăm oglindesc evoluția noastră spirituală. Nu e niciodată un lucru înțelept să cumpărăm mâncare la conservă sau care a fost mult procesată, lucru atât de comun în zilele noastre la televizor, în restaurante, fast food-uri și pe listele noastre de cumpărături. Cum poate acest tip de mâncare să conțină aceeași forță de viață ca legumele și fructele proaspete? Cum poate un asemenea stil de alimentare să fie spiritual? Pentru populațiile tradiționale din Anzi, această atitudine este oripilantă și corespunde unei morți lente, o invitație înaintată corpului fizic de a se îmbolnăvi ușor cu vârsta.

Șamanismul Huachuma consideră că mâncarea este mai mult decât un lucru fizic. Mâncarea sănătoasă nu are doar menirea de a ne "umple burțile", pentru că, atunci când o consumăm, comunicăm la un nivel foarte adânc cu Mama Natură. Atunci când mâncăm cu și mai multă conștiință, înțelegem că este inutil să ne raportăm la ideile altora.

Atunci când nu suntem dependenți de ideea că mâncarea sau lucrurile din lumea exterioară ne pot umple de fericire, înțelegem că, potrivit legilor naturii, fericirea și ceea ce ne hrănește pe noi sunt o prelungire a Pământului Mamă, o prelungire a nouă înșine. Cunoașterea naturii se dobândește prin înțelegerea legilor sale și prin prezența noastră acolo.

Îmi aduc aminte că în America de Sud, în anumite regiuni ale Anzilor, oamenii care trăiau în stil "tradițional" consumau permanent alimente pline de energie. În ochii lor se putea citi o licărire care le lipsea occidentalilor de aceeași vârstă. Acești oameni lucrau pe câmp până la 80, chiar 90 de ani, și nu prezentau simptome de îmbătrânire. Ei urmau o dietă simplă, vegetariană, respirau aer proaspăt și erau fericiți cu munca pe care o făceau. Se îmbolnăveau foarte rar și aveau mulți copii. Mulți dintre ei trăiau și până la 120 ani.

Cu toate tehnologiile de astăzi, vitaminele și medicamentele artificiale, lumea occidentală nu experimentează această stare naturală de bine care se regăsește încă diverse colțuri ale lumii. Societățile tradiționale sunt, însă, ușor atinse de influențele exterioare. Dieta occidentală devine preponderentă în lume, motiv pentru care și constatăm aceleași boli și aceeași lipsă de vitalitate din Vest și în cele mai îndepărtate sate din lume.

...

Șamanismul Huachuma, alături de multe alte tradiții mistice, nu recomandă consumul de ouă și carne, ci consideră vegetarianismul ca fiind calea ideală de a avea un organism sănătos. Fiind foarte acidă, carnea tinde să împiedice digestia armonioasă. Pentru cei care consumă totuși carne, este foarte important să o combine cu multe legume, pentru a-i anula aciditatea. În general, membrii culturilor tradiționaliste consumă carne în cantități foarte mici și întotdeauna în combinație cu legume.

În Amazon, carnea și peștele sunt aspecte importante ale dietei, dar calitatea cărnii și peștelui care se consumă acolo diferă foarte mult de cea care se găsește în supermarket. Adeseori, membrii comunității derulează un ritual înainte de vânătoare, pentru a comunica cu Spiritul animalului pe care îl vor vâna, întrebându-l dacă este de acord să fie sacrificat pentru comunitate. Procedând astfel, ei comunică la un nivel foarte adânc cu animalul și îl întreabă dacă forța sa de viață este compatibilă cu a lor. Dacă animalul spune "nu", atunci ei vor respecta acest lucru (de pildă, e posibil să fie vorba de un animal-mamă care trebuie să aibă grijă de puiul ei). Dacă vor continua să vâneze animalul, dacă îl vor ucide şi îl vor mânca, în corpul lor se va produce o reacţie negativă, iar ei vor înţelege că au făcut ceva greşit faţă de acest animal şi că nu trebuia să consume carnea unui animal care nu a fost de acord să fie ucis.

Este posibil şi ca animalul să spună "da", pentru că ştie că i-a venit ceasul, şi atunci poate să fie vânat. Când animalul spune "da" morţii sale, persoana care îl ucide acţionează în armonie cu legile naturii, în acelaşi mod în care vulturul pradă iepurele. În Occident, în general, nu avem această sensibilitate; noi mâncăm carne sau peşte pur şi simplu pentru că aşa suntem obişnuiţi.

Atunci când pionierii europeni au sosit în America de Nord, desconsiderând pur şi simplu respectul indienilor faţă de bivoli, au ucis mii şi mii de exemplare, doar pentru plăcerea de a-i ucide. În doar câţiva ani, aproape toţi bivolii au fost exterminaţi. Unii au fost ucişi pentru piele, alţii pur şi simplu s-au descompus pe câmpii, ceea ce le-a provocat mare tristeţe indienilor, când şi-au dat seama că europenii nici nu au respectat animalele, nici nu au acţionat potrivit legilor naturii, aşa cum acţionau ei (indienii).

Multe alte animale din lumea largă împărtăşesc acelaşi destin. Animalele, a căror carne este comercializată în magazine, au fost, în general, tratate fără pic de respect sau afecţiune pe durata vieţii lor sau când au fost sacrificate. Dacă nu întrebăm animalul dacă energia sa de viaţă este sau nu compatibilă cu a noastră, încălcăm legile naturii.

Noi nu privim acest animal decât ca pe un "lucru" material, fiind orbi în faţa laturii sale spirituale şi afective. Insensibili la durerea provocată Pământului Mamă şi creaturilor sale, consumul de carne în Occident a devenit aproape un "obicei cultural". În acelaşi timp, facem rău propriului nostru corp, reducând forţa vieţii din noi la un nivel foarte primitiv, material, întrupând suferinţa animalului pe care îl consumăm.

Nu există termen de comparaţie între a consuma carne cumpărată dintr-un supermarket şi carnea unui animal cu care s-a comunicat în cadrul unui ritual şi care a fost vânat cu respectul pe care îl merită. Carnea din supermarket poartă cu ea dizarmonia, suferinţa şi frica animalului ucis, care se transmite și corpului nostru, ceea ce ne poate face mai agresivi și mai slabi, nu numai la nivel fizic, ci și la nivel spiritual și afectiv. În plan fizic, forța vieții "animalelor de consum" a fost "îmblânzită" prin hrănirea sau injectarea cu o mulțime de chimicale: antibiotice, coloranți, emulsificatori, conservanți, hormoni, etc. Această carne este foarte diferită de ce pe care o consumau odinioară străbunicii noștri; carnea pe care o mâncau ei era lipsită de chimicale și provenea de la animale care fuseseră crescute în natură.

Astfel, un prim pas ar fi să încercăm și să creștem singuri animalele înainte de a le consuma, creând, astfel, o legătură cu animalul care urmează a fi mâncat. Aceasta ne ajută să realizăm următorul lucru: carnea pe care o mâncăm nu este doar un bun material, ci are Spirit.

Atunci când suntem în contact cu spiritul sau forța vieții alimentelor pe care le consumăm și când lucrăm, în forul interior, cu legile naturii, înțelegem că putem alege să între a acționa împotriva acestei forțe a vieții sau în armonie cu ea. Dacă abordăm mâncarea din punctul de vedere al ego-ului, sunt șanse să fim insuficient de sensibili la gustul a ceea ce consumăm. În loc să ne uităm după forța vieții din hrana pe care o consumăm, noi ne încredem în sfatul medicului sau în cultura noastră, care de cele mai multe ori nu face decât să susțină nevoia de a avea în organism suficient fier, proteine, aia sau cealaltă. Ascultăm de dispozițiile venite din exterior, în loc să ținem cont de înțelepciunea instinctivă a corpului nostru.

Dacă suntem atenți la Sinele nostru, așa cum făceam când eram copii, ne dăm seama că avem o cunoaștere interioară, care a evoluat în decurs de milioane de ani, în fiecare celulă din corpul nostru. Celulele de pe limbă, din cavitatea bucală, din stomac și sistemul digestiv au o inteligență a lor, care ne permite să știm ce alimente sunt bune pentru sănătatea noastră. Astfel, copiii vor anumite mâncăruri/alimente, pentru că înțeleg, instinctiv, că organismul lor are nevoie de o anumită forță a vieții, pentru a putea fi în armonie cu natura. Copiii mici își urmează simțirile interioare, dat fiind că ei nu au fost "corupți" la fel ca adulții, care sunt guvernați de idei și credințe ce provin din lumea exterioară.

Alimentele de sezon sunt cele mai bune pentru organismul nostru, pentru mintea noastră și emoțiile noastre. Ceea ce crește în zona în care locuim este, în mod natural, bogat în vitamine, minerale și substanțe nutritive, pe care corpul nostru le va trece în mod armonios prin ciclurile naturale.

Chiar dacă nu avem nicio problemă și dacă credem că starea noastră de sănătate este foarte bună, este foarte important să alimentăm corpul cu aceste substanțe nutritive, pentru a-l ajuta să atingă un nivel superior al conștiinței. În procesul de transformare personală și spirituală, este foarte important să consumăm alimente de sezon. Dacă am mânca alimente în conservă sau importate de departe, va lipsi o mare parte din valorile nutritive și alimentul respectiv ne va susține doar la nivel material.

La fel de important este și modul în care pregătim mâncarea. Mâncarea gătită în cuptorul cu microunde sau mâncarea este supra-gătită, gătită cu stres sau fără dragoste, atunci va fi lipsită de forța vieții și de gust.

Cea mai potrivită mâncare pentru cele trei tipuri fizice (vezi capitolul "tipuri fizice") este, adeseori, cel mai la îndemână în locul/regiunea în care locuiesc persoanele în cauză. Cu toate acestea, e posibil ca locuitorii din America de Sud să aibă nevoie să consume alte feluri de alimente decât cei din Europa, chiar dacă tipurile lor fizice sunt similare. Aceasta provine din faptul că alimentele vindecă slăbiciuni ale corpului care tind să apară în rândul celor care trăiesc în anumite zone.

Spre deosebire de tropice, unde ciclurile naturii nu sunt atât de aspre, în emisfera de nord si emisfera de sud, hrana are anumite calități ce depind de schimbările climatice. Astfel, în zona pădurilor tropicale, populația indigenă consumă foarte multe alimente ce conțin amidon, precum yucca (o plantă din familia liliaceelor, din America) și cartofii dulci, în vreme ce în Anzi, quinoa și porumbul constituie alimentele de bază. Natura îți oferă din belșug tot ce ai nevoie.

În cursul schimbărilor de sezon, natura oferă alimente specifice, care ajută corpul să treacă prin perioada de tranziție de la un anotimp la altul, iar gusturile noastre se schimbă și ele în consecință. În emisfera de nord, în lunile octombrie și noiembrie, sângele, care simbolizează energia vieții, e mai slăbit, în cazul tuturor celor trei categorii/tipuri fizice. Atunci, Natura ne pune la dispoziție anumite fructe și legume care conțin, natural, un nivel ridicat de substanțe nutritive, importante pentru fortificarea organismului în această perioadă.

Bătrânii care trăiesc în zona mediterană considerau rodia drept un fruct sacru. În lunile de toamnă, se găsește din belșug, iar sucul său ajută organismul să rămână în armonie cu ciclurile naturii. Elementele nutritive din acest fruct fortifică organismul pe perioada iernii, când, în general, ne scade vitalitatea.

Corpul are nevoie de o alimentație variată toamna, iarna, primăvara și vara. Toate ciclurile prin care trece organismul nostru sunt, ca și în cazul plantelor, legate de ciclurile naturii. Atunci când e frig și plouă, locuitorii din Anzi mănâncă hrană solidă și caldă. Când e cald și secetă, consumă, în general, alimente reci și lichide.

...

Credința că mâncarea este "bună" sau "rea" ne îndepărtează de la legătura pe care trebuie să o menținem în mod firesc cu Pământul Mamă, anotimpurile, corpurile noastre, intuiția noastră și emoțiile noastre. Nu trebuie să ne cramponăm de dogme și idei stricte legate de mâncare. Să ne urmăm intuiția privind ce are nevoie corpul nostru! În loc să judecăm dacă ceva este "bun" sau "rău" ori să ne raportăm la ce scrie în cărți, ar trebui să ne ascultăm corpul. Atunci când este bolnav, căutăm în mod natural să consumăm acele alimente pe care este înțelept să le consumăm. Mesajele transmise de organism trebuie să aibă întâietate în fața celor trimise de minte.

Corpul nostru este templul nostru. Dacă, de exemplu, punem din belșug sare și alte ingrediente puternice peste mâncare, pentru că așa suntem obișnuiți, atunci nu mai ajungem să descoperim gusturile mai subtile ale mâncărurilor de care are nevoie corpul nostru templu.

Este foarte important să îi învățăm pe copiii noștri să mănânce sănătos, imediat ce vin pe lume, întrucât gustul lor se formează în primii trei ani de viață. Aceasta îi ajută să își dezvolte gusturile intuitive şi cunoştinţele despre mâncare. Aşa se întâmplă în numeroase societăţi de indigeni, fiind unul din elementele-cheie ale vitalităţii şi sănătăţii.

...

Starea noastră afectivă este deopotrivă foarte importantă. Copiii pot decide, în mod intuitiv, să nu mănânce dacă lipseşte bucuria la masă. În consecinţă, pot ajunge să aibă un sistem digestiv slab, cu dureri de stomac sau alte afecţiuni digestive atât de des întâlnite în zilele noastre, fapt ce va continua să îi afecteze ulterior, în viaţă. Dacă în timpul mesei cu familia copiii refuză să mănânce şi aruncă cu mâncare, în loc să se enerveze şi să se simtă frustraţi, este crucial ca părinţii să dea exemplu şi să exprime bucuria de a fi la masă. În acest fel, copiii sunt înclinaţi să mănânce cu aceeaşi bucurie.

Mâncarea trebuie să fie bună pentru noi şi ar trebui consumată cu bucurie. Un corp vesel, relaxat, este templul sufletului. Atunci când mâncăm ceva cu bucurie, îi absorbim forţa vieţii. Dacă ne place să mâncăm ciocolată şi prăjituri, atunci să mâncăm ciocolată şi prăjituri! Dar, în timp ce le înghiţim, să fim prezenţi şi conştienţi de cele petrecute înlăuntrul nostru. Mâncarea îngreunată cu intensificatori de gust, modificări genetice, săruri şi zaharuri ne pot copleşi înţelepciunea naturală, dar, undeva, această înţelepciune rămâne vie.

Trebuie să discernem dacă mâncarea pe care o consumăm este o expresie veridică a ceea ce ne hrăneşte sau e doar o dependenţă menită să compenseze ceea ce simţim cu adevărat. Trebuie să ne cultivăm discernământul, ghidaţi fiind de sentimentul de detaşare de comportamente, credinţe şi senzaţii limitatoare, dar, în acelaşi timp, este important să nu cădem în extreme în ceea ce priveşte mâncarea.

Văd adeseori vegetarieni de treabă care au un întreg set de reguli despre ce este "bun" şi ce este "rău", dar, privind totul cu ochii celui detaşat de propriile instincte, aceştia şi-au creat, prin dieta lor, un templu foarte fragil şi nesănătos. În şamanismul Huachuma, nu există dogme privind anumite tipuri de dietă, ci doar idei care ne dau linii directoare despre cum putem să ne păstrăm sănătatea. Ceea ce contează este echilibrul dintre bun simţi şi atitudinea spirituală.

...

Nu uitaţi: şamanismul Huachuma consideră corpul ca fiind esenţial în procesul de transformare şi mai ales atunci când cineva trece prin preschimbări şi prefaceri afective şi spirituale. Cei care trăiesc în spiritul tradiţiei vorbesc despre mâncărurile specifice ca fiind foarte importante şi sacre, referindu-se aici la ceva fundamental legat de forţa vieţii acestei mâncări.

De exemplu, dacă mâncăm curmale, migdale, iaurt şi miere, patru alimente sfinte, ne vom da seama că acestea conţin o energie a vieţii deosebită, care transmit corpului, minţii şi spiritului o forţă a vieţii total diferită de cea care se găseşte în ciocolată, prăjituri şi îngheţata din magazine. Aceste dulciuri de la supermarket pot fi foarte tentante, dar ce se întâmplă atunci când sunt ingerate?

Dacă credem că fericirea se găseşte în plăcerile gustative pe care le poate oferi ciocolata, de pildă, nu vom găsi niciodată ceea ce căutăm. Atunci când suntem în legătură cu forţa vieţii din mâncare (precum alimentele proaspete), ne dăm seama că fericirea nu trebuie căutată mai departe de noi înşine şi că ne putem elimina uşor dependenţele. Ne dăm seama că ciocolata, zahărul, cafeaua, alcoolul şi ţigările, de pildă, nu sunt bune pentru noi, în acest sens.

Aceste dependenţe sunt negative pentru organism; ele nu ne aduc nicio bucurie, ci numai un scurt moment de respiro în disconfortul general şi lipsa plenitudinii pe care o resimţim. Atunci când începem să gustăm mâncarea aşa cum este ea în realitate, descoperim că lucruri precum zahărul au un gust care e prea crud, prea brut, şi că toate dependenţele noastre nu sunt, de fapt, decât o iluzie.

Acest tip de sensibilitate nu este întotdeauna evidentă atunci când capacitatea noastră de a discerne a fost distorsionată de gusturi foarte puternice. Dezvoltarea acestei sensibilităţi face parte din transformarea personală. Nu există nimic bun sau rău. Ceea ce contează este procesul care ne face să fim sensibili, intuitiv, la adevărata esență a alimentelor pe care consumăm.

...

Popoarele indigene știu că alimentele care poartă cu ele cea mai mare parte a energiei vieții sunt cele precum semințele, boabele și anumite tipuri de tuberculi, care au o putere enormă de proliferare. Pe locul doi al listei se află fructele și legumele, care au deopotrivă o forță extraordinară de viață, dar nu au puterea de a crește precum semințele. Energia acestor alimente se arde repede, motiv pentru care trebuie consumate de preferat proaspete, nu la conservă sau înghețate.

Putem verifica singuri dacă forța vieții alimentului este sau nu compatibilă cu nevoile organismului nostru. Dacă ne rezervăm un minut pentru a experimenta energia, să zicem, a unui măr pe care îl luăm în mână, între palme, putem simți ciruclația energiei. Dacă considerăm că 0 înseamnă că nu simțim deloc energia, iar 10 înseamnă a simți o energie puternică, atunci avem o scală de la 0 la 10, pentru a măsura energia forței vieții dintre mâinile noastre. Poate dura ceva până când învățăm cum se face, pentru că mintea intervine de multe ori în această ecuație. Și totuși, dacă exersăm, vom avea surpriza să descoperim că un aliment despre care credeam că este sănătos, în realitate nu este compatibil deloc cu energia din forța vieții noastre.

Acest test se poate extinde la toate bunurilor materiale achiziționate. Dacă cumpărăm articole de îmbrăcăminte din nylon sau polyester, în nod normal, aceste materiale au o valoare a energiei 0, în comparație cu bumbacul sau lâna. Acest exercițiu este foarte simplu, dar foarte puternic. Problema este că suntem mereu influențați de reclame, credințe culturale, ceea ce alții (părinții, prietenii, etc.) fac și spun, și nu ne încredem întotdeauna în noi înșine. Cu cât exersăm mai mult acest test al energiei, cu atât vom fi mai în armonie cu corpul nostru și forța sa de viață. Astfel, putem reuși să cumpărăm multe alte lucruri decât cele pe care le cumpăram de obicei.

Mâncarea ne afectează pe toți în același mod. Cu toții trecem constant prin schimbări, iar mâncarea este un mod plăcut de a susține și consolida acest proces al transformării. (Carnea, puiul și peștele nu susțin acest proces la fel, deoarece nu transformă forța vieții din corpul nostru.) Pe măsură ce devenim mai sensibili, ne dăm seama că fiecare alimente are o anumită calitate și ne afectează conștiința în mod diferit: grâul și porumubul au, de exemplu, o forță a vieții care ne înalță mai mult către lumină; cartofii și alte plante/legume cu tuberculi ne atrag atenția asupra pământului. Alimentele pe care le consumăm interacționează cu corpul nostru și ne influențează viața.

În comunitățile indigene, bebelușilor și copiilor mici nu li se dădea niciodată carne, ci, mai degrabă, alimente ce conțin o forță a vieții mai puternică. Copiii sunt hrăniți cu lapte de capră și, uneori, cu laptele de la alte animale, care le favorizează dezvoltarea punctelor lor forte. Dacă vor bea lapte de capră, vor avea aceeași forță ca acestea, același simț al aventurii și același curaj ca și capra. Dacă vor bea lapte de soia, forța vieții va fi mult mai slabă, întrucât acet tip de lapte conține energia boabelor de soia, care, în sine, sunt energice, dar nu în acord cu această etapă de dezvoltare a unui copil de sub 5 ani. Aceasta nu înseamnă că boabele de soia nu constituie un aspect important din dieta lor, ci doar că nu sunt adecvate pentru copii mici. Acțiunea boabelor de soia este, în general, foarte asemănătoare cu cea a cărnii. Soia este foarte bogată în proteine și transmite aceeași greutate și aceleași calități ca și carnea. Nu este indicată pentru copii, deoarece le aduc energia vieții și conștiința la un nivel elementar și material. Ideal ar fi ca și copiii să bea lapte de la mamă suficient timp cât să primească toate calitățile și informațiile subtile necesare pentru a fi sănătoși. Când cresc și ajung la vârsta la care pot bea și alt fel de lapte, atunci sunt mai mult în armonie cu laptele animalului (mai ales laptele de capră) decât cu plantele.

Dacă mama simte că laptele de la un anumit animal nu este bun pentru copilul ei, cultura tradițională în care trăiește, în general, îi oferă alternative. Locuitorii Orientului Mijlociu erau obișnuiți să producă un special milk din migdale și anumite ierburi. Mai bogate în minerale și calciu decât majoritatea nucilor sau alunelor, migdalele erau privite ca un aliment sacru care poate fortifica numeroase din calitățile dorite la un copil. Copiii convalescenți luau adeseori pastă de migdale cu puțină miere și ierburi tămăduitoare. Firește, copiii din Orientul Mijlociu aveau și tahini la masă, în fiecare zi (de asemenea bogat în calciu și având proprietăți specifice laptelui). Fiecare aliment transmite conștiința sau inteligen'a dinlăuntrul său și este important ca bebelușii sau copiii să consume acele alimente care le întăresc calitățile necesare creșterii optime și nivelurilor armonioase ale conștiinței.

În Vest, se crede, de multe ori, că mai importantă decât calitatea hranei este cantitatea și, astfel, occidentalii mănâncă mult mai mult decât majoritatea popoarelor din societățile tradiționale, dar aceste populații indigene și tradiționale consumă, adeseori, porții mai miic, dar și mai sănătoase de mâncare, iar copiii lor sunt mai puternici decât cei ai occidentalilor, care deși consumă alimente ce conțin nivelul necesar de vitamine, proteine și mineral, tot fac multe dintre așa-zisele boli ale copilăriei. Din experiența mea, în comunitățile în care am trăit, erau prea puține asemenea boli ale copilăriei sau chiar deloc.

...

Pentru a încheia acest capitol despre alimentație, aș dori să vorbesc despre Piramida Mâncării care se împarte în patru niveluri și care vă va da o idee despre o posibilă dietă armonioasă care vă va hrăni corpul, absorbând ce este improtant din mâncare.

Baza piramidei creează fundația templului nostru. Pentru a clădi această fundație, este crucial să mâncăm multe fructe proaspete, fără chimicale în ele, și legume de sezon, mai ales din cele care cresc în zona unde locuim. Se știe că fructele și legumele proaspete lipsite de chimicale ajută la eliminarea cu ușurință a reziduurilor și a toxinelor, și la curățarea minții și corpului fizic, un proces vital în viață. De aceea nu putem fi sănătoși doar consumând alimente la conservă și vitamine sub formă de pilule.

Să luăm, de pildă, roșiile care se cultivă local și sunt crescute biologic: acestea au un gust complet diferit de cel al roșiilor de seră, pline de chimicale, sau, mai rău, modificate genetic, pentru a obține calități care nu au nimic în comun cu ideea de hrană. E dificil să vezi diferența, la început, dar devine din ce în ce mai evident, pe măsură ce îți dezvolți sensibilitatea vizavi de alimente.

Forța vieții din alimente este, în mod evident, mai prezentă în mâncarea proaspătă decât în cea de câteva săptămâni. De aceea este înțelept să includem cât mai multă mâncare proaspătă în dieta noastră. Mâncarea pre-ambalată din magazine, plină de sare, zahăr, modificări genetice și alte ingrediente stimulatoare, și-a pierudt esența, iar calitățile și forța vieții lor au slăbit.

Legumele și fructele cultivate local conțin elementele nutritive și forța vieții care ar trebui să constituie baza dietei noastre. Atunci când mâncăm legume, este important să nu uităm să nu amestecăm fructele și legumele în același fel de mâncare. Excepția o constituie, însă, situația în care coacem fructe la cuptor, ca un fel separat de mâncare, ca o garnitură, să spunem, pe lângă cartofi copți.

Următoarele fructe se pot mânca proaspete la mese: avocado, pepene și papaya. (Notă: fructele roșii mâncate în timpul mesei sau imediat după masă provoacă probleme de digestie, pentru că sunt foarte acide.)

Atunci când pregătim legumele, acestea nu trebuie fierte peste măsură, pentru că atunci își pierd mare parte din elementele vitale necesare unei digestii sănătoase. În multe dintre comunitățile sud-americane, precum și în Polinezia, legumele se găteau foarte încet. Alimentele erau învelite în frunze de la anumite plante sau anumiți arbori, apoi îngropate în pământ, sub pietrele încinse. Gătită timp de câteva ore bune, la foc mic, mâncarea (gătită cu cele patru elemente: focul aprins pentru a arde lemnul și a încălzi pietrele, pământul folosit drept cuptor, apa de la aburii din legumele încălzite, aerul care cirucla în interiorul cuptorului) era foarte digerabilă. În Occident, pentru a a obține asemenea rezultate, am putea folosi vase din lut mat, nesmălțuit, pentru a păstra calitățile delicioase și subtile ale alimentelor, în timp ce ne pregătim masa.

Pe cel de-al doilea nivel al piramidei se află cerealele și semințele. Aceste alimente tind să crească înspre lumină și conțin mai multe minerale speciale, de fortificare. Cunoscute pentru capacitatea lor de a ajuta organismul să se dezvolte, acestea sunt foarte importante în anumite situații, ca, de pildă, atunci când un copil crește repede sau când un adult depune prea multă muncă fizică. După o boală, pe durata convalescenței, aceste alimente sunt de neprețuit pentru organism, nu numai pentru a-l reface, ci și pentru a aduce mai multă lumină pentru funcționarea celulelor. În mod normal, ele au un nivel ridicat de proteine atunci când sunt combinate cu legume. Cerealele și legumele combinate constituie o sursă ideală de proteine.

Pe cel de-al treilea nivel al piramidei, se află tuberculii precum cartofii dulci, și rădăcinoasele cum sunt morcovii, care cresc în pământ. Aceste alimente sunt cu precădere importante pe durata iernii și după perioadele lungi de boală, întrucât furnizează substanțe utile pentru organism. De asemenea, se folosesc frecvent după Ceremoniile de conectare a corpului fizic și spiritual la pământ.

Alimentele de pe nivelul al treilea NU sunt indicate pentru copiii de până la cinci ani, deoarece redirecționează energia forței vieții către chakra de bază care este mai bine dezvoltată la copiii de șase-șapte ani, vârstă la care copilul vine mai mult în contact cu energiile materiale. Dat fiind că acestea conțin o concentrație mai densă de minerale decât legumele proaspete, ele sunt importante în perioadele de schimbări climatice și de situații, când dieta impune consumul unor asemenea minerale.

Vârful piramidei (nivelul patru) conține alimentele dulci și bogate în proteine precum nucile, semințele, fasolea, legumele, fructele uscate, curmalele, stafidele, produsele lactate, laptele, brânza, iaurtul, tofu, tempeh (*nota traducătorului: tempeh este un produs fermentat, cu o textură ușor cauciucată și este preparat din boabe de soia*), miere și ciuperci. Și carnea, peștele și ouăle sunt incluse în acest nivel al piramidei, dacă se consumă. Aceste alimente trebuie consumate cu moderație, întrucât conțin energie și proteine în formă concentrată. Ele sunt importante pentru copii, dar și pentru tratarea unor boli epuizante.

Acțiunea generală a fasolei și a tuturor legumelor asupra organismului nostru este foarte similară acțiunii cărnii. Eu unul nu le includ în alimentația mea, întrucât sunt de părere că inhibă calitățile subtile, delicate ale fructelor și legumelor. Unele din cele mai importante legume care încurajează aceste calități delicate și pe care le includ în dieta mea zilnică sunt legumele de mare precum Arame, Nori, Hijiki, Dulse și Kelp pudră, precum și alge precum Chlorella și Spirulina. Acestea sunt importante mai ales pentru femeile însărcinate sau care alăptează.

...

Consider că trebuie să includem în dieta noastră cât mai multe alimente sacre precum mierea, polenul, migdalele, semințele de pin, curmalele, strugurii, rodiile, nucile de cocos, semințele de susan, quinoa, laptele și roșcova. Aceste alimente sacre conțin multe din mineralele de care organismul nostru are nevoie:

– laptele (de vacă, de capră, de oaie, de bivoliță, etc.) este sacru și reprezintă, pentru mine, unul din alimentele zeilor. Și totuși, nu trebuie consumat în stare pură, ci sub formă de iaurt, lapte prins sau kefir sau sub alte forme în care le consumau strămoșii noștri. Laptele prins are o calitate spirituală și este excelent pentru copii. Laptele pe care strămoșii noștri îl beau și pe care membrii societăților cu tradiție încă îl beau astăzi diferă foarte mult de laptele din comerț. Laptele pe care îl cumpărăm din supermarket conține foarte puțină forță a vieții și este plin de chimicale, antibiotice și hormoni, care adeseori provoacă alergii și reacții adverse celor care îl consumă.

– Curmalele și roșcovele constituie o sursă bogată de minerale, mai ales fier și magneziu, și au o dulceață sănătoasă.

– Migdalele și semințele de pin sunt excelente pentru fortificarea organismului, mai ales în convalescență și stări cronice de oboseală.

– Rodiile, strugurii și nucile de cocos sunt bune contra anemiei și pentru curățarea și fortificarea sângelui.

– Mierea este un antibiotic excelent și, luată în cantități mici, este foarte bună pentru detoxifierea și vindecarea organismului.

– Susanul este bogat în calciu și fier și întărește organismul.

– Polenul este un super-aliment ce conține aproape toate substanțele nutritive prezente într-o formă densă și ușor digerabilă.

– Quinoa, mai ales quinoa încolțită, este un aliment excelent pentru fortificare, similar meiului.

Majoritatea alimentelor sacre se află în vârful piramidei, pentru că, dacă sut consumate în exces, tind să fie prea puternice, prea tari pentru organism (Pentru mai multe informații complete despre alimentele sacre și kefir, puteți citi broșurile *Alimente Sacre* și *Kefir*, scrise de același Tony Samara – detalii pe website www.tonysamara.org).

...

Țineți minte, vă rog, că în șamanismul Huachuma, înainte de a mânca, în semn de respect față de pământ, și pentru a fi prezenți în raport cu alimentele consumate și originea acestora, se pune deoparte puțină mâncare pentru Pământul Mamă.

De asemenea, mâncatul trebuie să fie un proces liniștit și vesel. A mânca nu e doar un proces fizic, ci mai degrabă un întreg proces de mărire, de ameliorare și dezvoltare.

Exercițiile energetice

Șamanismul Huachuma recurge la exercițiile energetice pentru a ajuta corpul să se adapteze din punct de vedere fizic, afectiv și spiritual la ciclurile naturii. Aceste exerciții se aseamănă cu cele din Tai Chi și Yoga și cred că sunt mai vechi chiar și decât acestea.

Dacă ne uităm cu atenție la câteva din simbolurile și desenele de pe ruinele templelor foarte vechi din America de Sud, dar și din Egipt, vom vedea oameni și animale în poziții neobișnuite. Practicând regulat aceste exerciții, vom ajunge să le înțelegem semnificațiile. Acestea nu sunt doar utile pentru a ne fortifica corpul fizic, ci și pentru a ne adapta afectiv și spiritual, și pentru a ne dezvolta forța lăuntrică în relația cu puterea Pământului Mamă. Aceste exerciții sunt benefice în mod deosebit în anumite momente ale zilei, întrucât energiile diferă dimineața, după-amiaza și seara.

Iată zece exerciții de bază pe care șamanii și populațiile străvechi le practică de mii de ani:

1. Eliberarea energiei

Acest exercițiu foarte simplu ajută corpul să elibere energie și se poate exersa oricând vă simțiți compleșiți sau stresați de circumstanțe exterioare.

Stați relaxați în picioare. Inspirați și expirați adâcn de câteva ori, pe nas. Continuați să respirați adânc, în ritm cu urmtoarea mișcare. Vizualizați stresul și energia copleșitoare curățindu-se în timp ce vă scuturați tot corpul, mai ales mâinile, preț de câteva secunde. Reluați exercițiul de trei sau patru ori, asigurându-vă că toate tensiunea din jurul feței și maxilarului dispare complet prin scuturare. (Poate fi de folos dacă suspinați atunci când vă scuturați trupul.)

2. Meditația prin plimbare

Unul din exercițiile mele preferate, potrivit pentru tineri ca și pentru bătrâni, este mersul pe jos. Pentru menținerea sănătății și prelungirea vieții, mersul pe jos, în aer liber, pe o verme cu soare strălucitor, este un dar care se numără printre metodele cele mai sigure de a ține boala la distanță. Pe măsură ce absorbim elixirele vieții în aer curat, sângele devine mai curat, mintea devine mai limpede, iar vitalitatea uitată revine în organism, minte și spirit.

Mergeți confortabil, inspirând și expirând, perfect conștienți de aceasta. Sincronizați-vă respirația cu ritmul și cadența mișcărilor dumneavoastră. Fiți conștienți de toate sunetele și elemntele naturii care vă înconjoară. Permiteți-i minții să se odihnească și cunfundați-vă în Viață, în starea de a fi viu. Faceți aceasta timp de 20 de minute sau mai mult, cel puțin o dată pe zi.

3. Canalizarea energiei

Acest exercițiu ajută la captarea energiei din jurul capului, direcționând-o către chakra de bază. Nu e indicat pentru cei care probleme cu coloana sau gâtul.

Stați relaxați în picioare. Ridicați-vă ușor de la sol pe partea din față a (tălpii) piciorului. Brusc, reveniți la poziția inițială, relaxată, stând în picioare, lovind cu călcâiele pământul cu fermitate, și totuși delicat. Corpul ar trebui să fie complet relaxat prin acest exercițiu. Inspirați pe nas pe măsură ce vă ridicați pe vârfuri și expirați în timp ce vă lăsați în jos, pe călcâie, articulând sunetul "hu". Repetați exercițiul de trei sau patru ori, de câte ori este nevoie.

4. Exercițiul copacului

Acest exercițiu este în mod deosebit important de făcut atunci când ne simțim copleșiți de gânduri negative (ale noastre sau ale celor din jurul nostru), pentru că ne ajută să ne dispensăm de acele energii negative, pentru a putea reveni la o stare mai echilibrată și mai armonioasă.

Găsiți sau vizualizați un copac frumos și ghemuiți-vă în fața sa. Prindeți cu ambele mâini trunchiul copacului, menținându-vă corpul în echilibru. Puteți face acest lucru și stând în picioare, dacă vă e greu să stați ghemuit. Vizualizați puterea pozitivă a copacului, care vă ajută să vă eliberați de tot ceea ce vă copleșește în viață. Simțiți dezechilibrele energetice cum dispar ușor din corpul dumneavoastră (Aceste dezechilibre vor pătrunde în trunchiul copacului prin mâinile dumneavoastră și se vor scurge prin rădăcina sa în pământ, unde Pământul Mamă le va transforma în energie echilibrată). Inspirați, apoi, adânc, pe nas, și, cu fiecare inspirație, simțiți forța vieții copacului cum vă dă putere și vă vă susține întreg corpul (mai ales coloana vertebrală) și simțiți o ușoară furnicătură prin tot corpul. Continuați să respirați și să vă simțiți la unison cu spiritul copacului. În semn de respect și mulțumire față de copac, lăsați un mic dar – porumb, salvie, o floare, o plantă sau un cristal, ca să vă arătați copacului aprecierea pentru vindecare.

5. Întărirea inimii

Acest exercițiu este indicat să se facă între 4 și 5 dimineața.

Stați jos, cu picioarele încrucișate confortabil pe o pernă, cu spatele drept. Relaxați-vă umerii. Închideți ochii. Respirați încet și adânc. După ce v-ați destins, direcționați-vă conștiința către zona inimii și așezați-vă mâinile în mod relaxat pe genunchi, cu palmele în sus. În timp ce inspirați profund pe nas, prin partea inferioară a plămânilor (către abdomen), alipiți degetul mare și degetul mijlociu de la ambele mâini și presați ușor. Cu fiecare expirație pe gură, relaxați-vă corpul și scoateți un vibrato. E important să prelungiți respirația și sunetul. Repetați acest exercițiu timp de 15-20 minute.

6. Exercițiul ficatului

Acest exercițiu este indicat cu precădere pentru detoxifierea organismului. Momentul ideal pentru a-l exersa este la răsărit și/sau la apus.

Stați în picioare, cu fața către soare, și relaxați-vă corpul. Îndoiți ușor genunchii cu picioarele depărtate cam cât este umărul de lat și ochii privind destins către cer. În timp ce respirați pe nas, vizualizați (cu ochii deschiși sau închiși) energia soarelui pătrunzând în corpul dumneavoastră, înspre zona plexului solar (chiar deasupra buricului). Împreunați ușor mâinile (una deasupra celeilalte) peste plexul solar. Expirați pe gură, scoțând un aahh prelung, și fiți atenți la zona ficatului. Vizualizați ficatul deschizându-se, pentru a elimina toxinele. Simțiți energia soarelui cum vă inundă ficatul cu căldură și lumină. Repetați timp de câteva minute.

7. Exercițiul ursului

Acest exercițiu întărește abdomenul, intestinele și gleznele, tonifiind organismul. Este indicat mai ales pentru cei care au probleme de constipație și un stomac sensibil. Pentru femei, facilitează, de asemenea, nașterea, dar nu exagerați! Cel mai bun moment pentru a face acest exercițiu este între 8 și 9 dimineața. (Notă: acest exercițiu nu se recomandă celor cu hemoroizi.)

a) (Forma simplificată pentru copii) Ghemuiți-vă jos pe o suprafață plană, cu călcâiele și vârful degetelor de la picioare pe sol. Țineți spatele drept, cu mâinile pe piept, deasupra genunchilor, privind drept înainte. Respirați relaxați, asigurându-vă că fața și umerii sunt complet destinși și relaxați.

b) Cea mai avansată formă a acestui exercițiu nu este indicată celor care suferă de dureri de spate. Din poziția simplă de mai sus, ridicați-vă ușor pe călcâie, corpul balansându-se pe vârfurile degetelor de la picioare. Numai zona din jurul gleznelor este tensionată, restul corpului ar trebui să fie total relaxat. Respirați adânc și asigurați-vă că partea inferioară a corpului atinge călcâiele. Odată ce v-ați relaxat, în această poziție, ridicați mâinile de pe piept către umeri, sprijinind ușor coatele pe genunchi, și continuați să priviți drept înainte. Rămâneți în această poziție puțin timp, respirând ușor.

8. Meditația celui de-al treilea ochi

Acest exercițiu ajută energia să urce de-a lungul șirei spinării, către cel al treilea ochi. Este mai eficient la ora 1:30 după-amiaza, dar nu este recomandat celor care suferă de afecțiuni lombare.

Stați jos, confortabil, picior peste picior, pe sol. Îndreptați spatele, împingând pieptul în față și menținând capul perfect aliniat cu coloana. Puneți mâinile la spate, pe gât, prinzându-l cu degetele de la mâini întrepătrunse. Inspirați profund pe nas și, în timp ce expirați pe nas (sau pe gură), aplecați fruntea în jos, înspre pământ, (îndoindu-vă ușor din șolduri, nu din talie) atingându-l, dacă se poate. Rămâneți în această poziție cât puteți de mult, în timp ce vă țineți respirația. Când începeți să resimțiți nevoia de a respira sau vă simțiți inconfortabil, reveniți încet în poziție dreaptă, respirând ușor și vizualizând cel de-al treilea ochi cum se deschide; simțiți cum circulă energia prin tot corpul. Repetați exercițiul de 5-10 ori.

9. Exercițiile glandei

Acestea au loc în patru etape care mi se par foarte importante nu doar pentru sănătatea fizică, ci și pentru a proteja întreg corpul emoțional și energetic de bombardamentele zilnice ale stresului. Aceste exerciții invigorează glandele din organism și vă ajută să vă simțiți și să rămâneți tânăr. Cel mai bine este să le faceți între 5 și 7 seara.

1. Găsiți o poziție comfortabilă, de preferat stând jos. Țineți spatele drept și capul sus. Relaxați-vă umerii și eliberați-vă de orice tensiune (mai ales la nivelul maxilarelor). Închideți ochii, inspirați adânc pe nas și, în timp ce expirați (pe nas sau pe gură), eliberați în continuare tot stresul acumulat. Cu fiecare respirație, umpleți-vă plămânii cu are și expirați-l. De la a treia respirație, umpleți-vă plămânii cu are și numărați până la 7. Apoi țineți-vă respirația în timp ce numărați până la 2. Expirați ușor în timp ce numărați până la 7, până ce dați tot aerul inspirat afară. Mențineți-vă plămânii fără aer în timp ce numărați până la 2. Repetați partea cu respirația în timp ce numărați până la 7 și continuați exercițiul (7-2-7-2) de mai multe ori. După ce terminați acest exercițiu (aproximativ 5 minute), treceți la următorul.

Acest exercițiu ajută la corectarea perturbărilor și dezechilibrelor de la nivelul chimiei naturale din organism, iar, odată corectate, forțele de vindecare proprii organismului devin tot mai vii și puternice.

2. Cu ochii închiși, simțiți sau vizualizați energia din corp ca pe o mișcare lăuntrică ce pornește de la baza coloanei; rotiți tot corpul dintr-o parte într-alta, într-o mișcare delicată, circulară. Respirați adânc și expirați. Coloana și capul sunt drepte și numai baza coloanei se mișcă, efectuând o mișcare ușoară, circulară, către trunchi. Mișcarea trebuie să pornească în mod firesc de la baza coloanei. În timp ce faceți acest exercițiu, puneți vârful limbii în partea superioară a boltei palatine, în spatele dinților. Puteți scoate un sunet de fond, ca un zumzăit. Exercițiul complet poate fi făcut între 5 și 10 minute sau mai mult, dacă vă simțiți confortabil.

La un moment dat, în timp ce faceți acest exercițiu, este posibil să vă simțiți un pic amețit sau să aveți o senzație stranie. Acesta este un semn bun, pentru că înseamnă că cea de-a șasea chakră (al treilea ochi) și cea de-a șaptea (denumită și chakra-coroană) se deschid, întrucât acest exercițiu activează glandele pituitară și pineală, glande considerate esențiale pentru dezvoltarea spirituală.

Exercițiul activează și creșterea producției – la nivelul creierului – a unui lichid special care se difuzează în tot corpul fizic. Acest fluid este foarte important pentru transformarea celulelor corpului, permițându-le să însoțească transformarea și dezvoltarea spirituală a fiecăruia. Acest proces de transformare se derulează în mod natural la bebeluși și copii mici, dar se pierde cu vârsta, atunci când ego-ul preia controlul și când începem să vedem lumea ca fiind limitată. La adulți, glanda pituitară și glanda pineală, în general, funcționează într-o măsură mai mică decât la un nou-născut.

Cu cât funcționăm mai mult în baza ego-ului, cu atât acest lichid scade, iar glandele pituitară și pineală se micșorează. Cu toate acestea, aceste glande rămân active numai la adulții care fac foarte multe exerciții de meditație, contemplație, care cântă și execută diverse mișcări din Yoga sau Tai Chi. Aceste glande sunt, de asemenea, foarte active la persoanele spirituale care tind sp aibă acest lichid, emanând din tot corpul. Atunci când lichidul începe să coboare către gât (este posibil ca acest lucru să nu fie evident până când nu devenim la sensibili la senzațiile subtile, de finețe), se poate trece la exercițiul următor.

3. Din nou, asigurați-vă că sunteți relaxați și că umerii sunt aplecați. Respirați adânc pe nas, dați ușor capul pe spate, simțind cum tot gâtul se întinde până când etsde cu totul pe spate, ochii privind în sus. Apoi, ușor, încet, reveniți cu capul în poziție dreaptă, până când bărbia ajunge să se sprijine pe piept. Umerii trebuie să fie relaxați. În timp ce respirați, reveniți cu capul în poziție dreaptă și, în timp ce expirați, înclinați-l în partea dreaptă, privind drept înainte. Rămâneți în această poziție până când simțiți partea opusă a gâtului complet întinsă, iar capul cum se sprijină aproape pe umărul drept. Respirați și reveniți

uşor cu capul în poziţie dreaptă. Expiraţi şi lăsaţi capul către umărul stâng, până când partea opusă a gâtului este complet întinsă şi flexibilă. Respiraţi şi reveniţi cu capul în poziţie verticală, dreaptă. Repetaţi exerciţiul de mai multe ori, apoi treceţi la următorul.

În timp ce repetaţi acest exerciţiu, veţi simţi că gâtul se întinde şi devine mai flexibil. Mişcările capului fortifică glanda tiroidă (care este centrul energiei comunicării) ajută la echilibrarea corpului fizic, întărind sistemul imunitar şi ajutând persoana în cauză să piardă kilograme, dacă este supraponderală, sau să ia în greutate, dacă este prea slabă.

Acest exerciţiu echilibrează şi emoţiile, ajutându-vă să vă manifestaţi comprehensiunea spirituală şi înţelepciunea, sub forma comunicării. Astfel, în loc să vorbim despre vreme, ajungem să vorbim despre lucruri mai profunde şi mai importante.

Exerciţiul ajută şi la deschiderea chakrei gâtului, iar noi ne simţim şi trăim emoţii profunde, de care nu eram conştienţi până atunci. În timp ce comunicpm la un nivel mult mai profund cu noi înşine şi cu lumea, ne întărim o parte mai adâncă, mai profundă din noi.

4. Respiraţi adânc de câteva ori şi relaxaţi-vă corpul. Aduceţi mâna dreaptă sau stângă ori amândouă în dreptul sternului şi, uşor şi rapid, loviţi cu buricul degetelor această zonă. Repetaţi preţ de câteva minute, respirând adânc în această zonă, şi relaxaţi-vă sau scoateţi sunetul aahh la respiraţie şi expiraţie. După încheierea exerciţiului, închideţi ochii o vreme, fiind totuşi conştienţi de mediul înconjurător, de sunetele din juurl dumneavoastră. Apoi, încet, continuând să respiraţi adânc, pregătiţi-vă să reveniţi în lumea cotidiană.

Practicarea acestui exerciţiu timp de câteva minute va ajuta lichidul de la nivelul gâtului să coboare înspre inimă şi să se dispereseze de acolo în tot corpul fizic. Acest lucru va ajuta partea spirituală şi afectivă din noi să se dezvolte şi să se fixeze în corpul fizic. De asemenea, va ajuta la susţinerea sistemului imunitar şi la fortificarea inimii şi plămânilor. În final, ne va ajuta pe noi să ne pregătim în mod mai echilibrat pentru schimbări profunde în noi.

10. Exercițiul vulturului

Acest exercițiu este folosit pentru a localiza obiectele pierdute și pentru a ne reactiva amintiri uitate. Se utiliza frecvent în America de Sud în timpul inițierilor, când șamanii erau încercați pentru a găsi obiecte și comori îngropate. Este foarte bine dacă îl practicați între 8 și 10 seara, când mintea este deosebit de receptivă.

Găsiți un loc liniștit, unde să nu fiți deranjați timp de 5-10 minute. Stați în picioare cu mâinile relaxate pe lângă corp și capul înainte. Relaxați-vă umerii. Încideți ușor ochii și vizualizați cum corpul dumneavoastră începe să se modifice, devenind una cu vulturul. În timp ce respirați pe nas, ridicați brațele la nivelul umerilor, cu degetele îndoite, arătând înspre sol. La următoarea inspirație, simțiți cum tot trupul începe ușor să se balanseze, și, cu ochii încă închiși, imaginați-vă că trupul dumneavoastră începe să își ia zborul. Imaginați-vă că vedeți totul din ur în timp ce zburați. Când brațele încep să vă doară, vi le puteți relaxa ușor pe lângă corp. Continuați să vă legănați ușor, conccentrându-vă, simultan, asupra celui de-al treilea ochi. Pur și simplu fiți prezenți, fără a încerca să faceți nimic anume. Simțiți balansul corpului dumneavoastră care vă duce tot mai adânc către starea de prezență în punctul/locul de care aveți nevoie.

Ce crezi tu că ai nevoie poate fi complet diferit de ceea ce vulturul te ajută să descoperi. Fii prezent în acest proces și dă-i voie informației să ajungă la tine, fără a o înțelege logic sau analitic. Rămâi în această ipostază atât cât este nevoie.

Epilog

"Lumea exterioară nu generează starea noastră de conştiinţă, ci ne provoacă să facem o alegere.

O alegere în care auzim vocea adevărului care ne invită să ne îndepărtăm de nebunia pe care ne-am creat-o. O alegere care ne invită să transcedem lumea subconştientului, rămânând pe deplin absorbiţi de momentul prezent.

Cu fiecare respiraţie completă, conştientă, mai facem un pas uriaş către iluminare, detaşându-ne de ceea ce ne opreşte să fim cu totul prezenţi.

În momentul prezent, trăim într-o dimensiune fără limite de posibilităţi magice, toate conducându-ne către aventura dezvoltării, pe măsură ce inima noastră se înflăcărează, iar noi trăim adevărata libertate."

♥

Extras din cartea
"Din inimă – Învăţăturile lui Tony Samara, Volumul I"

Glosar

AYAHUASCA – o băutură sacră ce alterează ușor mintea, despre care se crede că îi ajută pe oameni să perceapă energii și realități care nu ar putea fi percepute în mod normal, în realitatea obișnuită.

BUDISM ZEN – o tradiție japoneză de meditație care pune acccent pe experiența directă, percepția despre cum e să te elibereze de karmă și să găsești pacea.

CHAKRA – centru energetic localizat atât în corpul fizic, cât și în cel energetic, conectat la sistemul nervos de la nivelul coloanei vertebrale.

CONȘTIINȚĂ – stare de prezență, sentiment de unitate cu lumea exterioară, având capacitatea de a înțelege dincolo de limitele sociale, culturale sau egocentrice ale simțurilor și minții.

ECHILIBRU – existență armonioasă, pașnică, plăcută în conexiune și interacțiune cu mediul înconjurător/lumea înconjurătoare și lumea interioară.

ILUZIE – trăirea unui program, a unei idei, a unui gând, a unui sentiment, în loc de recunoașterea a ceea ce este direct prezent în viața noastră.

INIȚIERE – ritual care permite inițiatului să pătrundă în lumea misterelor, printr-o experiență ce iese din arealul obișnuitului, printr-o transferare directă de cunoaștere.

KARMA – toate acțiunile, gândurile, sentimentele creează o reacție egală cu originalul ca și forță, dar nu neapărat și în ceea ce privește calitatea.

MESA – o roată din America de Sud cu multiple simboluri culturale, folosite adeseori în ritualuri de vindecare.

PROCES – când nu suntem în stare să vedem propria realitate, fie afectivă, mentală sau energetică, și când o transferăm către o altă situație, persoană, cultură sau grup de persoane, într-un mod negativ.

ROATA MEDICINEI – o hartă de orientare conectată adeseori la forțele cosmice și astrologice, precum și la forțele pământești.

SAN PEDRO – o băutură sacră, care alterează ușor mintea și care se folosește pentru vindecare și pentru a percepe profunzimea și complexitatea lumii la niveluri diferite.

ȘAMAN – un vindecător inițiat într-un alt mod de a înțelege boala și suferința.

ȘAMANISM – o cultură care are șamani și care înțelege boala și suferința din perspectiva unui șaman.

BUDISM ZEN – meditație tradițională japoneză, care pune accent pe experiența directă, percepția modului de eliberare de karma și găsirea păcii.

"Înțelepciunea șamanilor" prezintă, într-un mod simplu și practic, cunoștințele universale despre șamanism pe care le-a dobândit Tony Samara pe drumul său către inițiere. De la consumul de alimente până la lucrul cu visele, cele patru elemente și punctele cardinale, prezentarea unor exerciții fizice și de respirație care susțin dezvoltarea spirituală, precum și cu alte subiecte, cartea aceasta ne amintește de străvechea înțelepciune pozitivă, astăzi mai utilă ca oricând. Ajutați-vă să vă schimbați viața în bine.

"Șamanul poate începe să lucreze ca vindecător numai după ce a trecut prin ceea ce se cheamă experiența morții/renașterii, moartea suferinței și renașterea pentru a vedea lucrurile în alt mod, în care punctul de referință nu mai este ego-ul, ci Cosmosul, totul fiind conectat cu totul. Pe timpul inițierii, mi s-a dat Ayahuasca și o furtună teribilă s-a prăvălit asupra mea și asupra pădurii. Nicicând nu îmi fusese mai frică. Tot corpul meu se dezintegra. Simțeam că o să mor.   Am invocat zei din varii religii, dar în van. A apărut un șarpe mare și m-a înghițit. Am înțeles că aceea era energia Universului care pulsa în mine. Nu îmi mai era frică de moarte. Pierdusem simțul lumii înconjurătoare. Trupul meu devenise o parte din Univers. Dezvoltasem un sentiment de unitate. Această inițiere mi-a schimbat toate percepțiile asupra realității. Eliberat de programarea din trecut, spiritul meu a putut trăi magia și bucuria de a exista pe lume."

Tony Samara

Biografia autorului

"Cred că trăim un moment crucial în transformarea umanității și vreau să depășiți vechea paradigmă și să vă descoperiți puterea, libertatea. Cred că ne aflăm într-un punct de o asemenea transformare, încât nu mai putem aștepta pe nimeni și nimic. Cred că suntem creatori și că fiecare este parte egală și integrantă a acestei creații. Cred că Dumnezeu nu trăiește undeva, în afară, și că Divinitatea, adică inteligența, libertatea, se află pretutindeni. Eu, tu, noi suntem în legătură. Cred că trebuie să transpunem lucrurile în practică. Nu putem sta, pur și simplu, să ne uităm la televizor, să urmărim o viață sau o relație și să sperăm că lucrurile se vor îmbunătăți și să așteptăm o schimbare.

Vă provoc să vă ridicați de pe canapea, unde e confortabil să stai și să te uiți la TV, și să vă implicați. E minunat când ne dăm seama că avem această putere, care nu este cea a ego-ului, ci înțelepciune."

Tony Samara

Tony Samara, autor al lucrărilor "Înțelepciunea Șamanilor", "Din inimă", "Diferiți, dar totuși la fel", "Mai adânc decât cuvintele", s-a născut în Anglia, a crescut în Egipt și Norvegia, unde a descoperit filozofia budismului zen.

Această descoperire l-a condus, într-un final, la "Mount Baldy Zen Center in California, USA" unde a deprins învățăturile spirituale ale lui "Kyozan Joshu Sasaki". A avut curiozitatea de a explora și mai în profunzime esența spiritualității, motiv pentru care a mers să locuiască și să învețe alături de comunitățile de șamani de pe glob, incluzând perioada petrecută alături de șamani influenți din regiunea fluviului Amazon și Munții Anzi.

Acum, oameni din toată lumea îl vizitează pe Tony Samara, pentru a primi îndrumare spirituală și a vedea ei înșiși ce înseamnă să se afle în preajma sa.

Țările în care își desfășoară activitatea Tony Samara sunt preponderent țările europene, dar, grație internetului, audiența sa este una internaţională, aceasta şi mulţumită deselor apariţii în direct şi interviuri online. Funcţia pe care el o îndeplineşte este de Învăţător Spiritual, care îi încurajează pe toţi să îşi conducă viaţa în mod activ, nobil, pentru a realiza evoluţia conştiinţei umane.

Tony Samara este oglinda a ceea ce este posibil, un memento strălucitor al posibilităţii continue de a fi umani. Starea complet naturală de bucurie şi înţelepciune trăită din momentul în care ne deschidem inimile către viaţă este calea remarcabilă pe care o expune, o cale pe care oricine este liber să o experimenteze.

Dialogul verbal nu este esenţa învăţăturilor sale, dar el explică într-un mod simplu şi direct, pentru ca toată lumea să înţeleagă modul prin care fiecare individ poate integra practic o mai mare acceptare, pace şi bucurie în viaţa cotidiană. Tony predă cu umor, smerenie şi infinită răbdare, insuflându-i celuilalt curaj, încredere şi forţă interioară, pentru a-şi continua drumul în unitate, o cale care duce către adevărata libertate.

Asemenea multor învăţători spirituali, Tony Samara este preocupat de eliberare şi munca interioară practică. El predă dând exemple şi lecţii din viaţa personală, îndrumându-l pe cel interesat să atingă fericirea acum şi aici, mai degrabă printr-o conştientizare spirituală decât printr-un efort mental.

O parte din învăţăturile lui Tony ne aduc aminte că mâncarea şi mâncatul sunt fundamentale pentru bunăstarea noastră interioară, precum şi pentru sănătatea noastră fizică. În numeroasele sale programe, el explică faptul că acest corp al nostru este şi templul nostru, iar alimentaţia ne ajută să creăm o bază solidă care permite desfăşurarea unor forţe şi producerea schimbării interioare. De asemenea, el ne explică faptul că alimentele nu sunt doar substanţe fizice care ne hrănesc organismul, ci conţin energie spirituală şi afectivă. Iată de ce este important să fim conştienţi şi ancoraţi în prezent atunci când mâncăm şi să fim mai degrabă atenţi cu ce ne hrănim trupul, templul nostru, decât să mâncăm numai ceea ce avem chef să mâncăm. Tony încurajează dieta vegetariană, care include produse organice pline de forţa vieţii.

www.ingramcontent.com/pod-product-compliance
Lightning Source LLC
Chambersburg PA
CBHW071551300625
28936CB00041B/1522